La manera más **FÁCIL** de aprender inglés

APRENDA INGLÉS
CON IMÁGENES

AGUILAR

Aprenda inglés con imágenes

© 2012 Santillana USA Publishing Company, Inc.

2023 N. W. 84th Ave.
Doral, FL, 33122
Tel: (305) 591-9522
Fax: (305) 591-7473
www.prisaediciones.com

Selección de contenidos y textos: **Mizar Multimedia**

Directora Editorial: **Aurora Martín de Santa Olalla**

Editores: **Mercedes Fontecha, Susana Gómez, M.ª Antonia Oliva, Christine Mosso**

Consultores de Lengua y Cultura en Latinoamérica y Estados Unidos: **Jorge Arriola**, **Luisa Helen Frey** († 2009) (Centro de Enseñanza de Lenguas Extranjeras [CELE], UNAM), **Isabel Mendoza** (Santillana USA)

Dirección de Arte: **José Crespo**

Páginas interiores: **Mizar Multimedia**
Ilustrador: **Jorge Arranz**

Directora del Proyecto: **Rosa Marín**
Coordinador de imágenes: **Carlos Aguilera**
Director del Desarrollo del Proyecto: **Javier Tejeda**
Desarrollo Gráfico: **Raúl de Andrés, José Luis García**

Gerente de Producción: **Ángel García Encinar**

Coordinadora de Producción: **Marisa Valbuena**
Formación: **Javier Pulido**

Traductores: **Mizar Multimedia, Jacqueline Cook**
Correctores: **Gerardo Z. García, Liz Pease, Enrique Saulle**

ISBN: 978-1-61605-225-6

Printed in USA by Nupress of Miami
15 14 13 12   1 2 3 4 5 6 7 8 9 10

Índice

Introducción

Aprenda inglés con imágenes

El diccionario *Aprenda inglés con imágenes*, cuyo objetivo es enseñar y reforzar el vocabulario, está dirigido a estudiantes adultos y adultos jóvenes que estudian inglés como segunda lengua o lengua extranjera. Puede utilizarse como complemento a las clases de inglés o como material de autoaprendizaje.

El diccionario contiene más de 1,300 artículos a nivel elemental (sustantivos, adjetivos, verbos y expresiones) en inglés. Las palabras se agrupan en 24 unidades vinculadas temáticamente y relacionadas con las situaciones y necesidades más comunes de los estudiantes adultos, de lo más básico (alimentación, ropa y familia) a lo más específico (banco, oficina de correos, coches y la carretera).

Para la práctica y consolidación del vocabulario que se introduce, las divertidas actividades (llenado de espacios en blanco, mezcla de palabras, crucigramas y búsqueda de palabras) vienen con sus respectivas respuestas.

Además, el diccionario contiene una introducción a la pronunciación en inglés con ejemplos tomados del vocabulario que se ha enseñado.

Por último, el libro tiene dos glosarios, español-inglés e inglés-español, con referencias cruzadas a los números de unidad y de página donde se encuentra el término.

Cómo utilizar este diccionario

Escenas

El vocabulario de cada unidad se introduce en páginas dobles. En la página de la izquierda hay una escena completa con palabras numeradas. En la página de la derecha se presentan más palabras basadas en detalles de las ilustraciones de la escena de la izquierda. Las palabras aparecen ordenadas en listas, con su traducción al español.

Al final de estas páginas dobles hay algunos diálogos cortos y expresiones que se relacionan con las situaciones de la unidad.

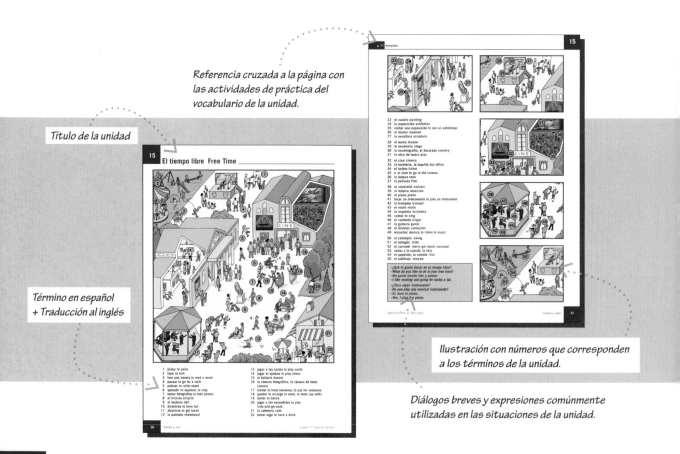

Referencia cruzada a la página con las actividades de práctica del vocabulario de la unidad.

Título de la unidad

Término en español + Traducción al inglés

Ilustración con números que corresponden a los términos de la unidad.

Diálogos breves y expresiones comúnmente utilizadas en las situaciones de la unidad.

Actividades

El objetivo de las actividades es practicar y afianzar el vocabulario introducido en cada unidad. Llenado de espacios en blanco, mezcla de palabras, crucigramas y búsquedas de palabras son sólo algunas de las divertidas actividades que aparecen, todas con sus respectivas respuestas.

Respuestas de las actividades de la unidad

Glosarios

La presentación en orden alfabético de las palabras del diccionario le permite al estudiante encontrarlas rápidamente.

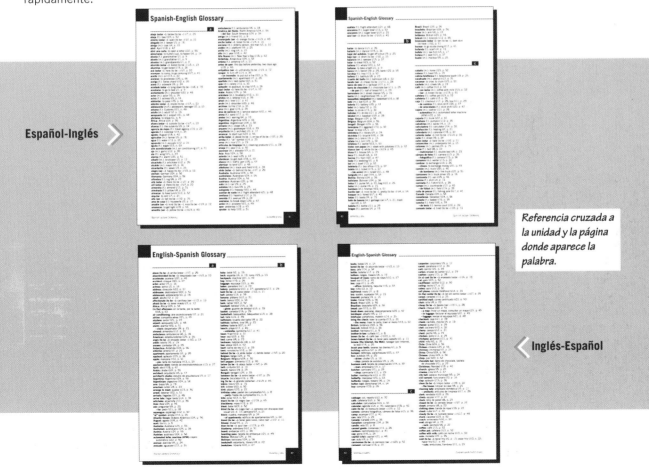

Español-Inglés

Inglés-Español

Referencia cruzada a la unidad y la página donde aparece la palabra.

La pronunciación del inglés

El alfabeto inglés tiene veintiséis letras, pero más de cuarenta sonidos. Esto puede resultarles difícil a las personas que están aprendiendo inglés. El conjunto de normas de pronunciación siguiente te ayudará a comprender mejor el sistema fonético del inglés y a pronunciarlo con más exactitud.

Vocales

El idioma inglés tiene más sonidos de vocales que el español. Las vocales pueden ser cortas o largas. Las largas suenan como el nombre de la letra que las representa. Las cortas se producen con la mandíbula más relajada y duran menos. Aprender a distinguir y a producir vocales cortas y largas requiere práctica. Como el mismo sonido de la vocal se puede representar por escrito de diferentes maneras, verás a continuación otras formas comunes de representar el sonido.

Vocales largas

a *como en* ai, ay, ei	Similar a b**e**be	d**a**te, r**ai**n, p**ay**, w**ei**ght
e *como en* ee, ea	Similar a **i**sla	b**e**, kn**ee**, **ea**t
i *como en* y, ie, igh	Similar a h**ay**	l**i**ke, b**y**, p**ie**, r**igh**t
o *como en* oa, ow	Similar a **o**so	n**o**, c**oa**t, b**ow**l
u *como en* o, oo, ue	Similar a **u**va	c**u**te, d**o**, p**oo**l, tr**ue**

Vocales cortas

La tabla siguiente presenta la letra, cómo se pronuncia la vocal corta, y te da algunos ejemplos de palabras que contienen este sonido, para que lo encuentres en el diccionario gráfico. Practica estos sonidos usando las normas de pronunciación y las palabras para practicar.

a	Comienza pronunciando la *a* similar a **a**la. Abre bien la boca y relaja la mandíbula y la lengua.	c**a**t, h**a**t, **a**sk, c**a**p, m**a**n, c**a**n, m**a**p, b**a**d
e *como en* ai, ea	Comienza pronunciando la *e* similar a b**e**be. Abre bien la boca y relaja la mandíbula. La lengua y la mandíbula no deben moverse mientras pronuncias el sonido.	p**e**n, m**e**dicine, s**ai**d, br**ea**d, **e**xit, m**e**n, l**e**ft
i	Comienza pronunciando la *i* similar a **i**sla. Relaja la lengua y la mandíbula.	h**i**p, s**i**ster, l**i**st, h**i**ll,
o	Comienza pronunciando la *a* similar a *a*la. Baja la mandíbula inferior y relaja la lengua.	**o**n, r**o**ck, n**o**t, father
u	Comienza pronunciando la *a* similar a *a*la. Presiona tu abdomen mientras pronuncias el sonido *a*.	c**u**p, m**u**ch, s**u**n, d**u**ck, l**u**nch

Diptongos

Los diptongos son la combinación de dos vocales en una misma sílaba.

oi, oy	Similar a s**oy**	b**oy**, b**oi**l, c**oi**n, **oi**l, n**oi**se, t**oy**
ou, ow	Similar a c**au**sa	p**ou**nd, br**ow**n, cl**ou**d, n**ow**, d**ow**n, **ou**t

Combinación de vocal +r

er, ear, ure, ir, or, ur	Combina el sonido de la *u* **corta** con el sonido de la *r*. Tu lengua debe estar tensa.	wat**er**, **ear**ly, nat**ure**, b**ir**d, w**or**k, ch**ur**ch, f**ur**, sh**ir**t, pict**ure**, w**or**d, s**er**ve, l**ear**n
ar	Combina el sonido de la *o* **corta** con el sonido de la *r*.	f**ar**, c**ar**, h**ear**t, h**ar**d
or, oor	Combina el sonido de la *o* **larga** con el sonido de la *r*.	b**oar**d, m**or**e, d**oor**

Consonantes

Muchas consonantes en inglés tienen el mismo sonido que en español. La tabla siguiente indica cómo producir los sonidos de consonantes que difieren del español. Algunas consonantes son sonoras, otras no. Cuando la consonante es sonora, las cuerdas vocales vibran cuando produces el sonido. Para garantizar que estás pronunciando adecuadamente el sonido, coloca tu mano sobre la garganta para sentir la vibración.

b	Similar a **b**arco	**b**oat, **b**oy, **b**one, **b**at, **b**us
c (se puede representar con *k* o *qu*)	Similar a [a]**c**asa o [b]**c**ena	[a]**c**ap, **c**up, **k**ick, **k**iosk, **qu**ick, **qu**een [b]**c**ircle, **c**ircus, **c**ell
d	Similar a **d**edo	**d**ay, **d**oor, can**d**y, **d**ad, **d**octor
f (se puede representar con *ph)*	Similar a **f**uego	**f**ather, **ph**one, **f**ood, li**f**e, **ph**oto
g	Similar a **g**ato	**g**o, e**gg**, a**g**ain
h	Se produce forzando el aire a salir por la boca abierta, como si empañaras un cristal.	**h**at, **h**as, **h**elp, **h**igh, **h**urt
j (también se puede representar con *g*)	Similar a *ll* en llave o a la *y* en desayuno	**j**ump, **j**am, **g**iraffe, **g**ym
l	Similar a **l**eón	**l**ion, **l**unch, **l**amp
m	Similar a **m**ano	**m**other, **M**onday, **m**oon
n	Similar a **n**oche	**n**ow, **n**ut, **n**ew
p	Similar a **p**apa	**p**ut, **p**ink, cu**p**
r	Similar al rugido de un animal. La lengua debe estar tensa. Coloca tu mano sobre la garganta para sentir la vibración de tus cuerdas vocales.	**r**ed, **r**un, **r**at, **r**oad, ar**r**ive, f**r**ee
s	Similar a **s**opa	**s**on, be**s**ide, bu**s**
t	Similar a mo**t**o	**t**ip, **t**op, ba**t**
v	Similar a la *f* pero las cuerdas vocales deben vibrar. Coloca tu mano sobre la garganta mientras practicas el sonido. Deberás sentir la vibración de tus cuerdas vocales si pronuncias correctamente la *v*.	**v**an, mo**v**ie, abo**v**e, **v**ery, sa**v**e
w	Similar a *ua* en g**ua**rdia	**w**ater, **w**heel, **w**ord
y (también se puede representar con *lli* y con *io*)	Similar a la *y* en ha**y**	**y**ellow, **y**es, mi**lli**on, on**io**n
z (también se puede representar con *se*)	Similar a la *s* pero las cuerdas vocales deben vibrar. Coloca tu mano sobre la garganta mientras practicas el sonido. Deberás sentir la vibración de tus cuerdas vocales si pronuncias correctamente la *z*.	**z**oo, **z**ip, **z**one, becau**se**, plea**se**,

Consonantes ligadas

Estas son dos consonantes que unidas crean un sonido.

ch (también se puede representar con *tch*)	Similar a **ch**ico	**ch**ild, Mar**ch**, **ch**in, ma**tch**, ki**tch**en
sh	Similar al sonido que haces cuando quieres que alguien haga silencio.	**sh**ip, **sh**oes, wa**sh**
zh (se representa con *su* y *si* en mitad de una palabra)	Se pronuncia como *sh*, pero las cuerdas vocales deben vibrar. Coloca tu mano sobre la garganta mientras practicas el sonido. Deberás sentir la vibración de tus cuerdas vocales si pronuncias correctamente la *zh*.	trea**su**re, plea**su**re, vi**su**al, televi**si**on
ng (también se puede representar con *n* y nunca va al principio de una palabra)	Similar a ñ en mañana	si**ng**le, ki**ng**, si**ng**er, ri**ng**, tha**n**k, i**n**k
th (puede ser [a]sonora o [b]sorda)	[a] Coloca la punta de la lengua entre los dientes, y fuerza la salida del aire por la apertura entre dientes y lengua. Sentirás la vibración de tus cuerdas vocales. [b] Produce este sonido de forma similar a la versión Sonora, pero debes pronunciar el sonido con más fuerza. Las cuerdas vocales no deben vibrar.	[a]**th**is, **th**ey, mo**th**er, clo**th**ing [b]**th**ank, **th**irty, heal**th**, ba**th**room

La familia The Family

1 ser divorciado, estar divorciado to be divorced
2 hijo único only child
3 esposa wife
4 esposo husband
5 ser viudo, estar viudo to be widowed
6 gemelos, mellizos twins
7 ser casado, estar casado to be married
8 boda wedding
9 ser soltero, estar soltero to be single
10 nuera daughter-in-law
11 tía aunt
12 tío uncle

13 sobrina niece
14 yerno son-in-law
15 sobrino nephew
16 suegra mother-in-law
17 cuñado brother-in-law
18 novio boyfriend
19 novia girlfriend
20 amigo friend
21 fiesta de cumpleaños birthday party
22 vela candle
23 pastel de cumpleaños birthday cake
24 regalo gift

25 **acostarse** to go to bed	38 **padres** parents
26 **dormir** to sleep	39 **padre, papá** father
27 **bañarse** to take a bath	40 **madre, mamá** mother
28 **afeitarse** to shave	41 **hijo** son
29 **hablar** to talk	42 **hija** daughter
30 **ducharse** to take a shower	43 **hermano** brother
31 **lavarse los dientes** to brush one's teeth	44 **hermana** sister
32 **levantarse** to get up	45 **prima** cousin
33 **lavarse las manos** to wash one's hands	46 **primo** cousin
34 **peinarse** to comb one's hair	47 **abuelo** grandfather
	48 **abuelos** grandparents
35 **leer el periódico** to read the newspaper	49 **nieto** grandson
36 **ver la televisión** to watch TV	50 **nieta** granddaughter
37 **vestirse** to get dressed	51 **abuela** grandmother

–¿Está casado?	*–Sí, tengo dos hermanas y un hermano.*
–Are you married?	*–Yes, I have two sisters and a brother.*
–No, estoy divorciado.	*–Yo soy hijo único.*
–No, I'm divorced.	*–I'm an only child.*
–¿Tiene hermanos?	*–¡Feliz cumpleaños!*
–Do you have any brothers or sisters?	*–Happy Birthday!*

Descripción física Physical Descriptions

1   **niño** child, boy
2   **adolescente** adolescent, teenager
3   **anciano, el viejito** elderly person, old man
4   **adulto** adult
5   **estar embarazada** to be pregnant
6   **bebé** baby
7   **persona con discapacidad física** physically challenged
8   **estar ciego, persona con discapacidad visual** to be blind, sight impaired
9   **mujer** woman
10 **hombre** man

11 **ser alto** to be tall
12 **ser bajo** to be short
13 **ser guapo** to be good-looking
14 **parecerse a alguien** to look like someone
15 **estar sordo, persona con discapacidad auditiva** to be deaf, hearing impaired
16 **tener buena figura** to have a good figure
17 **ser gordo** to be fat
18 **ser delgado** to be thin
19 **ser fuerte** to be strong
20 **ser joven** to be young
21 **ser mayor, ser viejo** to be older, to be old

25 **tener pelo rubio, ser rubio** to be blond
26 **estar bronceado** to be tan, to have dark skin
27 **tener pelo negro** to be dark-haired
28 **tener pelo castaño** to be brown-haired, to have brown hair
29 **tener el pelo canoso** to have white hair
30 **tener canas** to have gray hair
31 **tener el pelo corto** to have short hair
32 **tener trenzas** to have braids
33 **tener el pelo largo** to have long hair
34 **tener el pelo rizado** to have curly hair
35 **tener pecas** to have freckles
36 **ser pelirrojo** to be red-haired, to have red hair
37 **tener el pelo liso** to have straight hair
38 **tener colitas** to have a ponytail

22 **llevar fleco, llevar flequillo** to have bangs
23 **tener un lunar** to have a mole, to have a beauty mark
24 **estar calvo** to be bald

39 **tener los ojos pequeños** to have small eyes
40 **tener los ojos grandes** to have big eyes
41 **tener los ojos azules** to have blue eyes
42 **tener ojos claros** to have light-colored eyes
43 **tener los ojos de color café, tener los ojos marrones** to have brown eyes
44 **tener los ojos verdes** to have green eyes
45 **tener ojos oscuros** to have dark eyes
46 **tener los ojos negros** to have black eyes

47 **tener bigote** to have a mustache
48 **tener barba** to have a beard
49 **tener puesta una gorra** to wear a cap
50 **usar lentes, usar gafas** to wear glasses

–*¿Quién es ese chico que usa lentes?*
–*Who's that guy wearing glasses?*
–*Es mi amigo Rodrigo.*
–*He's my friend Rodrigo.*

–*¿Cuántos años tiene?*
–*How old are you?*
–*Tengo treinta y cuatro años.*
–*I'm thirty-four years old.*

–*¿Cómo es su papá?*
–*What does your father look like?*
–*Es alto y moreno. Tiene los ojos verdes y barba.*
Yo me parezco mucho a él.
–*He's tall and dark. He has green eyes and a beard.*
I look a lot like him.

–*¡Qué chico más guapo!*
–*What a good-looking guy!*

–*¿Cuánto mide?*
–*How tall are you?*
–*1,80 (1 metro y 80 centímetros).*
–*One meter 80.*

–*¿Cuánto pesa?*
–*How much do you weigh?*
–*65 kilos.*
–*65 kilos.*

25,4 milímetros (mm) = 1 pulgada
25.4 milimeters (mm) = 1 inch

0,3048 metros (m) = 1 pie
0.3048 meters (m) = 1 foot

453,59237 gramos (g) = 1 libra
453.59237 grams (g) = 1 pound

Caracter Character

1 ser inteligente to be intelligent	12 ser serio to be serious
2 ser flojo, ser vago to be lazy	13 estar contento to be happy
3 ser obediente to be obedient	14 ser alegre to be happy
4 ser gracioso to be funny	15 ser egoísta to be selfish
5 ser trabajador to be hardworking	16 ser antipático to be unfriendly
6 ser optimista to be optimistic	17 ser tímido to be shy
7 ser simpático to be friendly	18 estar preocupado to be worried
8 ser pesimista to be pessimistic	19 estar triste to be sad
9 ser travieso to be mischievous	20 ser sociable to be sociable
10 estar nervioso to be nervous	21 ser amable to be kind, to be nice
11 estar tranquilo to be calm	22 ser generoso to be generous

23 tener frío to be cold	**27** tener sed to be thirsty	**30** tener hambre to be hungry
24 ser despistado to be absentminded	**28** ser desordenado to be messy	**31** ser ordenado to be neat
25 tener sueño to be sleepy, to be tired	**29** ser impaciente to be impatient	
26 estar aburrido to be bored		

–¿Qué le pasa?
–What's wrong?, What's the matter?
–Estoy un poco triste. Extraño mucho a mis papás.
–I'm a little sad. I miss my parents a lot.

–¡Te quiero!
–I love you!

–Me dan mucho asco las arañas.
–Spiders are really disgusting.

–Marta y yo nos llevamos muy bien.
–Marta and I get along really well.

32 tener calor to be hot	**44** odiar to hate
33 estar enojado to be angry	**45** estar orgulloso to be proud
34 estar cansado to be tired	**46** ser educado to be polite, to be well-mannered
35 reír to laugh	**47** estar lleno to be full
36 ser cariñoso to be affectionate	**48** estar enamorado to be in love
37 querer to love	**49** extrañar, echar de menos to miss
38 besar to kiss	**50** ser maleducado to be rude, to be ill-mannered
39 gustar to like	**51** estar sorprendido to be surprised
40 dar vergüenza to be embarrassed	**52** ser hablador to be talkative
41 llorar to cry	**53** ser envidioso to be envious, to be jealous
42 dar asco to disgust, to gross out	
43 tener miedo to be afraid	

1 **el probador** fitting room	11 **ser a rayas** to be striped
2 **estar largo** to be long	12 **ser liso** to be plain
3 **estar corto** to be short	13 **ser a lunares** to be polka-dotted
4 **talla** size	14 **cinturón** belt
5 **gancho, percha** hanger	15 **ponerse** to put on
6 **ser feo** to be ugly	16 **quitarse** to take off
7 **ser lindo, ser bonito** to be nice, to be pretty	17 **paraguas** umbrella
8 **desabrocharse** to unbutton, to unfasten	18 **estar estrecho** to be tight
9 **estar ancho** to be loose	19 **abrocharse** to button (up), to fasten
10 **corbata** tie	20 **probarse** to try on

21 (pantalones) vaqueros, *jeans* jeans
22 blusa blouse
23 falda skirt
24 vestido dress
25 suéter sweater

26 abrigo coat
27 camisa shirt
28 pantalón, pantalones pants
29 chaqueta jacket
30 traje suit
31 saco jacket

32 botas boots
33 zapatos shoes
34 zapatos de tacón high-heeled shoes
35 pantuflas slippers
36 sandalias sandals
37 calcetines socks
38 medias stockings

39 sujetador, sostén bra
40 calzones, bragas panties
41 calzoncillos underpants
42 pijama, piyama pajamas
43 traje de baño swimsuit
44 bikini bikini

45 lentes de sol, gafas de sol sunglasses
46 guantes gloves
47 bufanda scarf
48 bolsa, bolso purse
49 reloj watch
50 collar necklace

51 aretes earrings
52 sombrero hat
53 sortija, anillo ring
54 pulsera bracelet
55 pañoleta, pañuelo scarf

—¿Puedo probarme este suéter?
—Can I try this sweater on?

—¿Cómo le quedan los pantalones?
—How do the pants fit?
—Me quedan un poco largos.
—They're a bit long.

—Perdone, ¿tiene la talla mediana?
—Excuse me, do you have this in a medium?

—¡Qué vestido tan bonito! Me gusta mucho.
—What a pretty dress! I really like it.

Profesiones Jobs

1 **vendedor** sales representative	12 **soldado** soldier
2 **camionero** truck driver	13 **actor** actor
3 **funcionario** civil servant	14 **actriz** actress
4 **alcalde** mayor	15 **ingeniero** engineer
5 **intérprete** translator, interpreter	16 **jardinero** gardener
6 **sacerdote** priest	17 **agricultor** farmer
7 **abogado** lawyer	18 **estar desempleado** to be unemployed
8 **juez** judge	
9 **periodista** journalist	19 **estar jubilado** to be retired
10 **fotógrafo** photographer	20 **chofer** bus driver
11 **ser licenciado** to have a degree, to be college graduate	21 **barrendero** street cleaner

Aprenda inglés con imágenes

22	**bufete** law firm
23	**arquitecto** architect
24	**estudio de arquitectura** architect's studio
25	**psicólogo** psychologist
26	**consultorio, la consulta del psicólogo** psychologist's office
27	**veterinario** veterinarian, vet
28	**clínica veterinaria** veterinary clinic

35	**ejecutivo** executive
36	**técnico en informática** computer technician
37	**taller** workshop
38	**mecánico** mechanic
39	**tener una empresa** to have a business
40	**empresario** business man
41	**trabajar en una fábrica** to work in a factory
42	**fábrica** factory

29	**laboratorio** laboratory, lab
30	**científico** scientist
31	**estudiante** student
32	**universidad** university
33	**profesor** teacher, professor
34	**estudiar** to study

43	**ama de casa** housewife
44	**electricista** electrician
45	**plomero** plumber
46	**escritor** writer
47	**empleada doméstica** cleaning lady, domestic worker
48	**pintor** painter
49	**albañil** bricklayer
50	**carpintero** carpenter

–*¿A qué se dedica?*
–*What do you do?*
–*Soy maestra.*
–*I'm a teacher.*

–*¿Qué ha estudiado?*
–*What did you study?*
–*Soy licenciado en Ciencias Económicas y Empresariales.*
–*I have a degree in Economics and Business Studies.*

Aprenda inglés con imágenes

1	**hospital** hospital	13	**ambulancia** ambulance
2	**tener fiebre** to have a fever	14	**toser** to cough
3	**termómetro** thermometer	15	**tener gripa, tener gripe** to have the flu
4	**estar enfermo** to be sick	16	**médico** doctor
5	**medicamento** medicine	17	**paciente** patient
6	**enfermero** nurse	18	**devolver, vomitar** to throw up, to vomit
7	**doler la cabeza** to have a headache	19	**sala de urgencias** emergency room
8	**jeringa, jeringuilla** syringe	20	**estornudar** to sneeze
9	**estar enyesado** to be in a cast	21	**tener un resfriado** to have a cold, to be congested
10	**dentista** dentist		
11	**receta** prescription	22	**cirujano** surgeon
12	**radiografía** X-ray	23	**sala de espera** waiting room

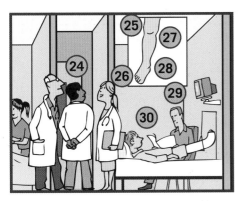

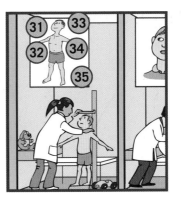

24	**estar de pie** to be standing	31	**espalda** back
25	**pierna** leg	32	**estómago** stomach
26	**pie** foot	33	**hombro** shoulder
27	**rodilla** knee	34	**pecho** chest
28	**tobillo** ankle	35	**trasero, nalgas** bottom,
29	**estar sentado** to be sitting, to be seated		buttocks
30	**estar acostado** to be lying down		

36 **brazo** arm
37 **codo** elbow
38 **muñeca** wrist
39 **mano** hand
40 **dedo pulgar** thumb
41 **dedo índice** index finger
42 **dedo corazón** middle finger
43 **dedo anular** ring finger
44 **dedo meñique** little finger

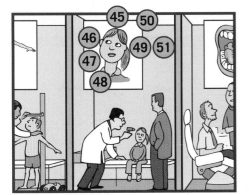

45 **cabeza** head
46 **frente** forehead
47 **cachete, mejilla** cheek
48 **cuello** neck
49 **nariz** nose
50 **oreja** ear
51 **oído** ear

52 **boca** mouth
53 **muela** molar
54 **diente** tooth
55 **labios** lips
56 **garganta** throat
57 **lengua** tongue

58 **ojo** eye
59 **cejas** eyebrows
60 **pupila** pupil
61 **pestañas** eyelashes
62 **párpado** eyelid

–*¿Cómo está?*
–*How are you?*
–*Me encuentro mal.*
–*I don't feel well.*

–*¿Qué le pasa?*
–*What's wrong?, What's the matter?*
–*Me duele mucho la cabeza y tengo fiebre.*
–*My head hurts a lot and I have a fever.*

–*Soy diabético y soy alérgico a la penicilina.*
–*I'm diabetic and I'm allergic to penicillin.*

–*Tiene diarrea y se ha desmayado. Le vamos a hacer unos análisis.*
–*He has diarrhea and he fainted. We're going to do some tests on him.*

–*¡Achís!*
–*Achoo!*
–*¡Salud!*
–*Bless you!*

–*¡Que se mejore!*
–*Feel better!*

La vivienda The Apartment Building

1 edificio building	14 estar lejos to be far
2 *penthouse* penthouse	15 estar allá, estar allí to be over there, to be there
3 apartamento apartment	16 estar atrás, estar detrás to be behind
4 tercer piso fourth floor	17 estar en el centro to be in the middle, to be in the center
5 segundo piso third floor	18 estar entre to be between
6 estudio studio apartment	19 estar abajo to be below
7 primer piso second floor	20 estar delante to be in front of
8 planta baja first floor, ground floor	21 estar enfrente to be in front of
9 estar adentro to be inside	22 estar acá, estar aquí to be here
10 estar afuera to be outside	23 estar cerca to be near
11 estar debajo to be under	24 estar al lado to be next to
12 estar encima to be on top of	25 casa house
13 estar arriba to be above, to be on top of	

26 escalera stairway
27 estar cerrado to be closed
28 estar abierto to be open
29 terraza terrace
30 techo ceiling
31 aire acondicionado air
conditioning
32 pared wall
33 calefacción heating
34 elevador, ascensor elevator
35 timbre doorbell
36 puerta door
37 piso floor
38 persiana blind
39 ventana window
40 pasillo hallway
41 vecino neighbor
42 portero doorman
43 bote de basura, contenedor
de basura garbage can
44 mudarse to move
45 alquilar to rent

46 antena antenna
47 chimenea chimney
48 techo, tejado roof
49 vender to sell
50 garaje garage
51 jardín yard

–¿Dónde vive?
–Where do you live?
–En la calle Cervantes, número 29, 4.º B.
–At 29 Cervantes Street, 4th floor, Apt. B.

–Se vende o se alquila. Es un apartamento amplio y luminoso, con aire acondicionado. Tiene dos habitaciones y dos baños. El precio incluye un lugar para estacionar y un cuarto de los trastos.
–For sale or for rent. Spacious apartment with plenty of light and air conditioning. There are two bedrooms and two bathrooms. Price includes a parking space and storage space.

8 La casa The House

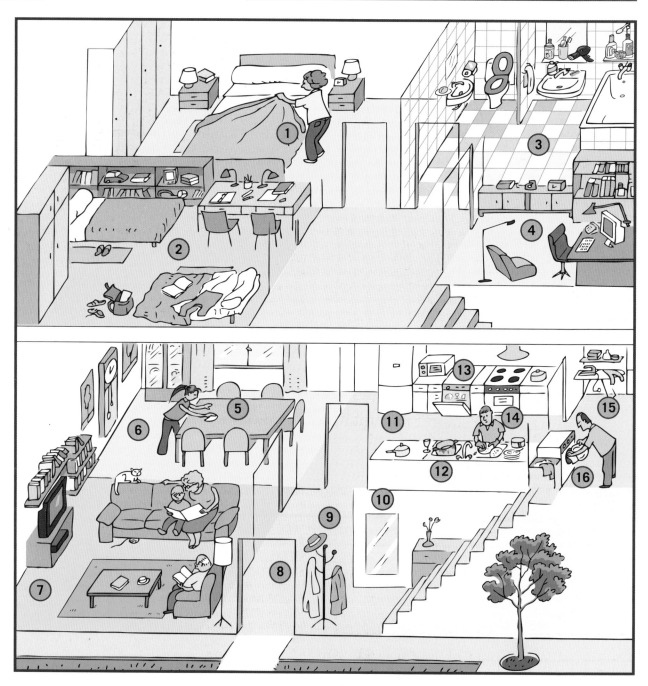

1 **tender la cama** to make the bed	9 **perchero** coat rack
2 **habitación** bedroom	10 **espejo** mirror
3 **(cuarto de) baño** bathroom	11 **cocina** kitchen
4 **despacho** office	12 **estar sucio** to be dirty
5 **limpiar la casa** to clean the house	13 **estar limpio** to be clean
6 **comedor** dining room	14 **lavar los platos** to wash the dishes
7 **sala, el salón** living room	15 **enchufe** socket
8 **recibidor** entrance hall	16 **lavar en la lavadora** to do a load of laundry

Aprenda inglés con imágenes

17	reloj de pared clock
18	librero, estantería bookshelf
19	televisor television
20	(reproductor de) DVD DVD (player)
21	alfombra rug
22	sillón armchair
23	lámpara lamp
24	sofá sofa, couch
25	silla chair
26	vitrina glass cabinet
27	mesa table
28	cortinas curtains

29	refrigerador, nevera refrigerator
30	microondas microwave
31	estufa, cocina electric stove
32	lavaplatos dishwasher
33	llave, grifo faucet
34	fregadero sink
35	horno oven
36	plancha iron
37	lavadora washing machine

38	armario closet
39	mesita de noche nightstand
40	despertador alarm clock
41	edredón comforter
42	cama matrimonial double bed
43	lámpara desk lamp
44	almohada pillow
45	sábanas sheets
46	cama bed
47	escritorio desk
48	jabón soap
49	papel higiénico toilet paper
50	pasta de dientes toothpaste
51	cepillo de dientes toothbrush
52	secador hair dryer
53	champú shampoo
54	ducha shower
55	gel liquid soap, shower gel
56	bañera, tina bathtub
57	esponja sponge
58	peine, la peinilla comb
59	lavabo, el lavamanos sink
60	toalla towel
61	inodoro toilet bowl, toilet

La ciudad The City

1	**barrio** neighborhood	13	**escuela** school
2	**edificio de apartamentos** apartment building	14	**seguir derecho, seguir recto** to go straight
3	**parque** park		
4	**biblioteca** library	15	**esquina** corner
5	**salir** to go out, to leave	16	**calle** street
6	**avenida** avenue	17	**dar vuelta a la derecha, girar a la derecha** to turn right
7	**plaza** square		
8	**centro (de la ciudad)** downtown	18	**iglesia** church
9	**palacio municipal** city hall	19	**acera** sidewalk
10	**afueras** the outskirts	20	**entrar** to come in, to go in
11	**rascacielos** skyscraper	21	**dar vuelta a la izquierda, girar a la izquierda** to turn left
12	**cuadra, manzana** block		

22 **estación de tren** train station
23 **tren** train
24 **tomar el tren** to take the train
25 **andén** platform

26 **ir caminando, ir andando** to walk
27 **parada de taxis** taxi stand
28 **taxista** taxi driver
29 **taxi** taxi
30 **ir en auto** to go by car
31 **auto** car
32 **moto** motorcycle

33 **semáforo** traffic light
34 **cruce peatonal** crosswalk
35 **cruzar la calle** to cross
36 **peatón** pedestrian
37 **autobús** bus
38 **parada de autobús**
   bus stop
39 **bajar del autobús** to get off a bus
40 **subir al autobús** to get on a bus

41 **estacionamiento** parking lot
42 **cabina telefónica** telephone booth
43 **farol, farola** streetlight
44 **fuente** fountain
45 **preguntar** to ask
46 **bote de basura** trash can
47 **tirar al bote de basura**
   to throw in the trash can
48 **contestar** to answer
49 **buzón** mailbox
50 **banco** bench
51 **estación de metro** subway station
52 **alcantarilla** sewer

–*Perdone, ¿sabe dónde está la calle Almirante?*
–*Excuse me, do you know where Almirante Street is?*

–*Sí, está muy cerca. Cruce la plaza y después tome la primera calle a la derecha. Esa es la calle Almirante.*
–*Yes, you're very close. Cross the square and then take the first street on your right. That's Almirante Street.*

–*Perdone, ¿sabe si hay una biblioteca por aquí cerca?*
–*Excuse me, do you know if there's a library near here?*

–*Sí, hay una al otro lado de la plaza.*
–*Yes, there's one on the other side of the square.*

1 **centro comercial** shopping center, shopping mall
2 **devolver** to return
3 **directorio** directory
4 **precio** price
5 **ofertas, rebajas** sales
6 **escaparate** window display
7 **cambiar** to exchange
8 **escaleras eléctricas, escaleras mecánicas** escalator

9 **etiqueta** tag
10 **ticket, recibo** receipt
11 **vendedor** clerk
12 **cliente** customer
13 **comprar** to buy
14 **salida de emergencia** emergency exit
15 **bolsa** bag
16 **ir de compras** to go shopping

17 **farmacia** pharmacy	30 **lavandería** laundromat	41 **tienda de discos** record store
18 **farmacéutico** pharmacist	31 **puesto de periódicos,**	42 **peluquería** hair salon
19 **florería, floristería** florist	**quiosco** newspaper kiosk	43 **peluquero** hairdresser
20 **ramo de rosas** bouquet of roses	32 **pastelería** bakery	44 **zapatería** shoe store
21 **flor** flower	33 **tienda de electrodomésticos**	45 **joyería** jewelry store
22 **planta** plant	**appliance store**	
23 **estar de oferta** to be on sale	34 **papelería** stationery store	
24 **estar lleno** to be full	35 **heladería** ice cream parlor	*–Quisiera un ramo de rosas, por favor.*
25 **estar vacío** to be empty	36 **librería** bookstore	*–I'd like a bouquet of roses, please.*
26 **salida** exit	37 **perfumería** drug store	
27 **entrada** entrance	38 **tienda de ropa** clothing store	*–Perdone, ¿cuánto cuestan estos*
28 **tintorería** drycleaners	39 **juguetería** toy store	*zapatos?*
29 **óptica** optician	40 **agencia de viajes** travel agency	*–Excuse me, how much are these shoes?*

1. cortar to cut
2. lista del supermercado, la lista de la compra shopping list
3. congelados frozen foods
4. ir al supermercado, hacer la compra to go shopping
5. pagar en efectivo to pay (in) cash
6. pagar con tarjeta to pay with a credit card
7. hacer cola to wait in line
8. cajero cashier
9. caja checkout
10. bebidas drinks
11. pesar to weigh
12. pedir to ask for
13. ser barato to be cheap
14. ser caro to be expensive
15. costar to cost
16. conservas canned goods
17. artículos de limpieza cleaning products
18. carro shopping cart

19 **leche** milk
20 **litro** liter
21 **yogur** yogurt
22 **frutería** fruit shop
23 **fruta** fruit
24 **verdura** vegetables
25 **frutero** fruit seller
26 **kilo** kilo

27 **embutidos, fiambres** cold cuts
28 **jamón** ham
29 **queso** cheese
30 **carnicería** butcher shop
31 **carnicero** butcher
32 **carne** meat
33 **cerdo** pork
34 **pollo** chicken
35 **carne de res** beef

36 **pescado** fish
37 **pescadería** fish market
38 **pescadero** fishmonger
39 **marisco** shellfish

40 **botella** bottle
41 **pasta** pasta
42 **arroz** rice
43 **harina** flour
44 **paquete** package
45 **lata** can
46 **docena de huevos** a dozen eggs
47 **envase de cartón** carton
48 **jugo** juice
49 **galleta** cookie
50 **caja** box
51 **barra de chocolate, tableta
de chocolate** chocolate bar
52 **panadería** bakery
53 **panadero** baker
54 **barra de pan** loaf of bread

–*¿Me da un kilo de tomates, por favor?*
–*Could I have a kilo of tomatoes, please?*

–*¿Va a pagar en efectivo o con tarjeta?*
–*Cash or credit?*

453,59237 gramos (g) = 1 libra
453.59237 grams (g) = 1 pound

28,3495 gramos (g) = 1 onza
28.3495 grams (g) = 1 ounce

Frutas y verduras Fruits and Vegetables _____

1 **lechuga** lettuce	13 **perejil** parsley
2 **tomate** tomato	14 **puerro** leek
3 **calabaza** pumpkin	15 **arveja** pea
4 **papa** potato	16 **habichuela** green bean
5 **ajo** garlic	17 **maíz** corn
6 **cebolla** onion	18 **remolacha** beet
7 **zanahoria** carrot	19 **rábano** radish
8 **espinaca** spinach	20 **berenjena** eggplant
9 **coliflor** cauliflower	21 **espárrago** asparagus
10 **brócoli** broccoli	22 **alcachofa** artichoke
11 **repollo, la col** cabbage	23 **acelga** Swiss chard
12 **pepino** cucumber	24 **apio** celery
	25 **pimiento** bell pepper

Aprenda inglés con imágenes

26 **estar verde** to be unripe, to be green
27 **estar maduro** to be ripe
28 **estar podrido** to be rotten
29 **plátano** banana
30 **manzana** apple
31 **naranja** orange
32 **limón, lima** lemon
33 **mandarina** mandarin orange, tangerine
34 **lima, limón** lime

35 **piña** pineapple
36 **uva** grape
37 **higo** fig
38 **cereza** cherry
39 **sandía** watermelon
40 **aguacate** avocado
41 **melón** melon
42 **durazno** peach
43 **pera** pear

44 **kiwi** kiwi
45 **fresa** strawberry
46 **mora** blackberry
47 **frambuesa** raspberry
48 **arándano** blueberry
49 **avellana** hazelnut
50 **dátil** date
51 **pistacho** pistachio
52 **nuez** walnut
53 **almendra** almond
54 **piñón** pine nut
55 **cacahuate, maní** peanut

56 **lenteja** lentil
57 **garbanzo** chickpea
58 **frijol** bean

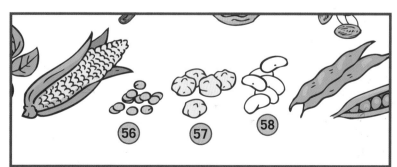

El restaurante The Restaurant

1 **dejar una propina** to leave a tip	10 **traer la cuenta** to bring the check
2 **desayunar** to have breakfast	11 **cocinar** to cook
3 **el mantel** tablecloth	12 **el cocinero** chef, cook
4 **merendar** to have an afternoon snack	13 **mesero, camarero** waiter
5 **comer** to eat	14 **bandeja** tray
6 **pedir** to order	15 **beber** to drink
7 **almorzar** to have lunch	16 **estar caliente** to be hot
8 **estar rico, estar delicioso** to be good, to be delicious	17 **servilleta** napkin
	18 **cenar** to have dinner, to have supper
9 **estar frío** to be cold	19 **traer la carta, traer el menú** to bring the menu

Aprenda inglés con imágenes

20 taza cup
21 azucarera, azucarero sugar bowl
22 cafetera coffee pot
23 mermelada jam
24 mantequilla butter
25 té tea
26 jarra pitcher
27 tetera teapot
28 cereales cereal
29 bol bowl
30 vaso glass

31 agua water
32 bistec con papas steak with potatoes
33 plato fuerte, segundo plato second course
34 vinagre vinegar
35 ensalada salad
36 entrada, el primer plato first course
37 pan bread
38 sal salt
39 pimienta pepper
40 aceite oil
41 postre dessert
42 tarta de manzana apple pie
43 helado ice cream
44 café coffee

45 sopa soup
46 sopera soup tureen
47 plato llano (dinner) plate
48 plato hondo soup dish
49 copa wine glass
50 tenedor fork
51 cuchillo knife
52 cuchara spoon

53 cucharita teaspoon
54 café con leche coffee with milk
55 sándwich sandwich
56 pajita straw

–¿Me puede traer un café, por favor?
–Could I have a coffee, please?

–Quisiera un bistec poco hecho, por favor.
–I'd like a steak cooked rare, please.

–¿Me trae la cuenta, por favor?
–Could I have the check, please?

–Nada más, gracias.
–Nothing else, thank you.

La oficina The Office

1 **empresa** company	12 **enviar un fax** to send a fax
2 **tablero de anuncios** notice board	13 **llegar tarde** to arrive late
3 **trabajar** to work	14 **apagar** to turn off
4 **compañero** coworker	15 **empleado** employee
5 **secretario** secretary	16 **jefe** boss
6 **dejar un recado** to leave a message	17 **reunión** meeting
7 **despacho** office	18 **reunirse** to meet
8 **director, gerente** manager	19 **recepción** reception desk
9 **impresora** printer	20 **firmar** to sign
10 **imprimir** to print	21 **llamar por teléfono** to talk on the
11 **fax** fax	phone

Aprenda inglés con imágenes

22	**tener una cita** to have an appointment
23	**tarjeta de presentación** business card
24	**fotocopiadora** photocopier
25	**fotocopiar, hacer fotocopias** to photocopy, to make photocopies
26	**trituradora de papel** shredder
27	**archivar** to file
28	**teléfono** telephone
29	**prender, encender** to turn on
30	*laptop,* **computadora portátil** laptop computer
31	**portafolios, maletín** briefcase
32	**(teléfono) celular** cell phone
33	**computadora** desktop computer
34	**pantalla** screen
35	**teclado** keyboard
36	**ratón** mouse
37	**CPU** CPU
38	**navegar (por Internet, la red)** to surf (the Internet, the Web)

39	**escribir un correo electrónico** to email
40	**arroba** "at" symbol
41	**engrapadora, la grapadora** stapler
42	**goma de borrar** eraser
43	**cinta adhesiva** Scotch tape®, tape
44	**carpeta** folder
45	**lápiz** pencil
46	**sujetapapeles, el clip** paper clip
47	**pegamento** glue
48	**hoja** sheet
49	**cuaderno** notebook
50	**agenda** calendar
51	**bolígrafo** pen
52	**calculadora** calculator
53	**entrevista** interview
54	**currículum (CV)** résumé, curriculum vitae
55	**contratar a alguien** to hire someone

–¿Sí? ¿Dígame?
–Hello?
–¿Podría hablar con el señor Martínez, por favor?
–Could I speak to Mr. Martinez, please?
–¿De parte de quién?
–Who may I say is calling?
–Del señor Sánchez.
–Mr. Sanchez.

–Un momento, por favor. Ahora le paso.
–One moment please. I'll put you through.

–Soy Francisco González, de Consultores SR.
–I'm Francisco Gonzalez from SR Consultants.
–Encantado de conocerlo.
–Pleased to meet you.
–Mucho gusto.
–Nice to meet you.

Tiempo libre Free Time

1 pintar to paint	13 jugar a las cartas to play cards
2 tejer to knit	14 jugar al ajedrez to play chess
3 leer una novela to read a novel	15 bailarín dancer
4 pasear to go for a walk	16 cámara fotográfica, cámara de fotos
5 patinar to roller-skate	camera
6 aplaudir to applaud, to clap	17 invitar to treat someone, to pay for someone
7 tomar fotografías to take photos	18 quedar to arrange to meet, to meet (up with)
8 triciclo tricycle	19 bailar to dance
9 muñeco doll	20 jugar a las escondidas to play
10 divertirse to have fun	hide-and-go-seek
11 aburrirse to get bored	21 cafetería café
12 patineta skateboard	22 tomar algo to have a drink

Aprenda inglés con imágenes

23 cuadro painting
24 exposición exhibition
25 visitar una exposición to see an exhibition
26 museo museum
27 escultura sculpture

28 teatro theater
29 escenario stage
30 escenografía, decorado scenery
31 obra de teatro play

32 cine movie theater
33 boletería, taquilla box office
34 boleto ticket
35 ir al cine to go to the movies
36 butaca seat
37 película film

38 concierto concert
39 músico musician
40 piano piano
41 tocar un instrumento to play an instrument
42 trompeta trumpet
43 violín violin
44 orquesta orchestra
45 cantar to sing
46 cantante singer
47 guitarra guitar
48 director conductor
49 escuchar música to listen to music

50 columpio swing
51 tobogán slide
52 carrusel merry-go-round, carousel
53 saltar a la cuerda to skip
54 papalote, la cometa kite
55 subibaja seesaw

-¿Qué le gusta hacer en su tiempo libre?
-What do you like to do in your free time?
-Me gusta mucho leer y pasear.
-I like reading and going for walks a lot.

-¿Toca algún instrumento?
-Do you play any musical instruments?
-Sí, toco el piano.
-Yes, I play the piano.

Deportes Sports

1 **fútbol americano** football	12 **camiseta** T-shirt
2 **béisbol** baseball	13 **pantalón corto** shorts
3 **correr** to run	14 **zapatillas de tenis** sneakers, tennis shoes
4 **atletismo** track and field	15 **tenis** tennis
5 **golf** golf	16 **natación** swimming
6 **palo de golf** golf club	17 **descansar** to rest
7 **empatar** to tie	18 **montar en bicicleta** to ride a bike
8 **basquetbol, básquetbol** basketball	19 **ciclismo** cycling
9 **perder** to lose	20 **casco** helmet
10 **ganar** to win	21 **bicicleta** bicycle
11 **fútbol** soccer	22 **sudadera** sweatsuit

23 cancha, campo de fútbol court, field
24 entrenador coach
25 portero, el arquero goalkeeper
26 portería, el arco goal
27 meter un gol to score a goal
28 jugar al fútbol to play soccer
29 jugador player
30 árbitro referee

31 trampolín diving board
32 gorro swim cap
33 gafas goggles
34 un clavado, tirarse de cabeza to dive
35 nadar estilo mariposa to swim butterfly
36 nadar estilo espalda to swim (the) backstroke
37 piscina swimming pool
38 nadar estilo pecho to swim (the) breaststroke

39 nadar to swim
40 nadar estilo crol to swim the crawl
41 pasar (la pelota) to pass (the ball)
42 saltar to jump
43 canasta basket
44 marcador scoreboard
45 equipo team

46 cancha de tenis tennis court
47 raqueta racket
48 pelota ball
49 red net

50 pesas weights
51 hacer ejercicio to exercise
52 gimnasio gym, gymnasium

53 bate bat
54 guante de béisbol baseball glove
55 gorra cap
56 lanzar (la pelota) to throw (the ball)

–¿Qué deportes practica?
–What sports do you play?

–Nado dos veces a la semana y juego tenis los sábados.
–I swim twice a week and I play tennis on Saturdays.

De vacaciones On Vacation

1 primavera spring
2 cielo sky
3 nube cloud
4 campo countryside
5 otoño fall
6 llover to rain
7 haber tormenta there's a storm, to be stormy
8 bosque forest
9 haber niebla to be foggy
10 estar nublado to be cloudy, to be overcast

11 verano summer
12 sol sun
13 hacer viento to be windy
14 hacer calor to be hot
15 playa beach
16 invierno winter
17 luna moon
18 estrella star
19 nevar to snow
20 montaña mountain
21 hacer frío to be cold

22 barco de vela sailboat
23 chaleco salvavidas life vest
24 salvavidas lifeguard
25 ponerse bloqueador solar to put on sunscreen
26 flotador float ring
27 mar sea
28 hacer buceo, bucear to go scuba diving
29 hacer surf to surf
30 ola wave
31 orilla shore
32 sombrilla beach umbrella

33 arena sand
34 tomar el sol to sunbathe

35 lago lake
36 ir en canoa to go canoeing
37 montar a caballo to ride horses, to go horseback riding
38 pasto grass
39 saco de dormir sleeping bag
40 carpa tent
41 linterna flashlight
42 cantimplora canteen
43 acampar to camp, to go camping
44 escalar to climb

45 cascada waterfall
46 río river
47 pescar to fish, to go fishing
48 caña de pescar fishing rod
49 hacer senderismo to hike, to go hiking
50 árbol tree

51 valle valley
52 pueblo town, village
53 establo stable
54 tractor tractor
55 muñeco de nieve snowman
56 esquiar to ski, to go skiing

–¿Qué van a hacer este fin de semana?
–What are you going to do this weekend?

–El sábado vamos a ir al mar a bucear.
–On Saturday we are going to the beach to go scuba diving.

–¡Qué calor hace!
–It's so hot!

–Mañana estará nublado y hará frío en todo el país. La temperatura máxima será de diez grados (10 °C).
–Tomorrow is going to be cold and cloudy all across the country. Temperatures will reach a maximum of 10 °C.

0 °C (grados Celcius) = 32 °F (grados Fahrenheit)
0 °C (degrees Celsius) = 32 °F (degrees Fahrenheit)

2025 ①②

January ③⑦

L	M	M	J	V	S	D
1	④ 1	⑤ 2	3	4	5	
2	6	7	8	9	10	11	12
3	13	14	15	16	17	18	19
4	20	21	22	23	24	25	26
5	27	28	29	30	31		

February ⑧

L	M	M	J	V	S	D
6						1	2
7	3	4	5	6	7	8	9
8	10	11	12	13	14	15	16
9	17	18	19	20	21	22	23
10	24	25	26	27	28	⑥	

March ⑨

L	M	M	J	V	S	D
11						1	2
12	3	4	5	6	7	8	9
13	10	11	12	13	14	15	16
14	17	18	19	20	21	22	23
15	24	25	26	27	28	29	30
16	31						

April ⑩

L	M	M	J	V	S	D
17		1	2	3	4	5	6
18	7	8	9	10	11	12	13
19	14	15	16	17	18	19	20
20	21	22	23	24	25	26	27
21	28	29	30				

May ⑪

L	M	M	J	V	S	D
22				1	2	3	4
23	5	6	7	8	9	10	11
24	12	13	14	15	16	17	18
25	19	20	21	22	23	24	25
26	26	27	28	29	30	31	

June ⑫

L	M	M	J	V	S	D
27							1
28	2	3	4	5	6	7	8
29	9	10	11	12	13	14	15
30	16	17	18	19	20	21	22
31	23	24	25	26	27	28	29
32	30						

July ⑬

L	M	M	J	V	S	D
33		1	2	3	4	5	6
34	7	8	9	10	11	12	13
35	14	15	16	17	18	19	20
36	21	22	23	24	25	26	27
37	28	29	30	31			

August ⑭

L	M	M	J	V	S	D
38					1	2	3
39	4	5	6	7	8	9	10
40	11	12	13	14	15	16	17
41	18	19	20	21	22	23	24
42	25	26	27	28	29	30	31

September ⑮

L	M	M	J	V	S	D
43	1	2	3	4	5	6	7
44	8	9	10	11	12	13	14
45	15	16	17	18	19	20	21
46	22	23	24	25	26	27	28
47	29	30					

October ⑯

L	M	M	J	V	S	D
48			1	2	3	4	5
49	6	7	8	9	10	11	12
50	13	14	15	16	17	18	19
51	20	21	22	23	24	25	26
52	27	28	29	30	31		

November ⑰

L	M	M	J	V	S	D
53						1	2
54	3	4	5	6	7	8	9
55	10	11	12	13	14	15	16
56	17	18	19	20	21	22	23
57	24	25	26	27	28	29	30

December ⑱

L	M	M	J	V	S	D
58	1	2	3	4	5	6	7
59	8	9	10	11	12	13	14
60	15	16	17	⑲ 18	19	20	21
61	22	23	24	25	26	27	28
62	29	30	31				

⑳ ㉑ ㉒

Barcelona, September 26, 2005

Dear Martha:

1	calendario calendar	12 junio June
2	año year	13 julio July
3	mes month	14 agosto August
4	día feriado holiday	15 septiembre September
5	Año Nuevo New Year's Day	16 octubre October
6	semana week	17 noviembre November
7	enero January	18 diciembre December
8	febrero February	19 Navidad Christmas
9	marzo March	20 día day
10	abril April	21 fecha date
11	mayo May	22 hora hour

23 **lunes** Monday
24 **martes** Tuesday
25 **miércoles** Wednesday
26 **jueves** Thursday
27 **viernes** Friday
28 **sábado** Saturday
29 **domingo** Sunday
30 **fin de semana** weekend

31 **hoy** today
32 **ayer** yesterday
33 **mañana** tomorrow
34 **antes de ayer** the day before yesterday
35 **pasado mañana** the day after tomorrow

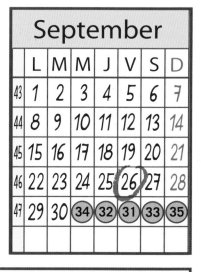

36 **amanecer** to get light
37 **en la mañana, por la mañana** in the morning
38 **al mediodía** at noon
39 **en la tarde, por la tarde** in the afternoon, in the evening
40 **atardecer** to get dark
41 **en la noche, por la noche** at night
42 **a medianoche** at midnight

43 **segundo** second
44 **minuto** minute
45 **es la una en punto** it's exactly one o'clock
46 **son las cuatro y cinco** it's five after four
47 **son las cinco y cuarto** it's quarter after five
48 **son las seis y media** it's six thirty
49 **falta un cuarto para las siete, son las siete menos cuarto** it's quarter of seven, it's quarter till seven
50 **faltan diez para las ocho, son las ocho menos diez** it's ten of eight
51 **son las nueve de la mañana** it's nine o'clock in the morning, it's nine a.m.
52 **son las diez de la noche** it's ten o'clock at night, it's ten p.m.

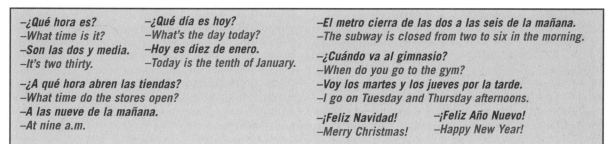

–¿Qué hora es?
–What time is it?
–Son las dos y media.
–It's two thirty.

–¿A qué hora abren las tiendas?
–What time do the stores open?
–A las nueve de la mañana.
–At nine a.m.

–¿Qué día es hoy?
–What's the day today?
–Hoy es diez de enero.
–Today is the tenth of January.

–El metro cierra de las dos a las seis de la mañana.
–The subway is closed from two to six in the morning.

–¿Cuándo va al gimnasio?
–When do you go to the gym?
–Voy los martes y los jueves por la tarde.
–I go on Tuesday and Thursday afternoons.

–¡Feliz Navidad!   –¡Feliz Año Nuevo!
–Merry Christmas!   –Happy New Year!

Describir cosas Describing Things

1 ser cuadrado to be square	11 cinco five
2 ser redondo to be round	12 seis six
3 estar grande, ser grande to be large, to be big	13 siete seven
4 estar pequeño, ser pequeño to be small, to be little	14 ocho eight
	15 nueve nine
5 estar viejo, ser viejo to be old	16 diez ten
6 estar nuevo, ser nuevo to be new	17 once eleven
7 uno one	18 doce twelve
8 dos two	19 trece thirteen
9 tres three	20 catorce fourteen
10 cuatro four	21 quince fifteen

Aprenda inglés con imágenes

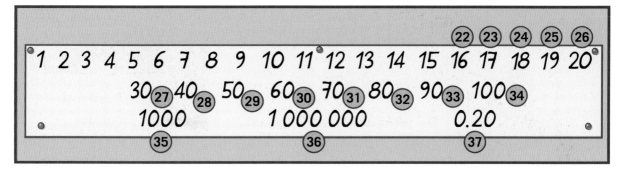

22 dieciséis sixteen
23 diecisiete seventeen
24 dieciocho eighteen
25 diecinueve nineteen

26 veinte twenty
27 treinta thirty
28 cuarenta forty
29 cincuenta fifty

30 sesenta sixty
31 setenta seventy
32 ochenta eighty
33 noventa ninety

34 cien a hundred
35 mil a thousand
36 un millón a million
37 cero con veinte zero point twenty

38 primero first
39 segundo second
40 tercero third
41 cuarto fourth
42 quinto fifth
43 sexto sixth
44 séptimo seventh
45 octavo eighth
46 noveno ninth
47 décimo tenth

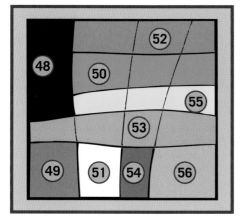

48 ser negro to be black
49 ser café to be brown
50 ser verde to be green
51 ser blanco to be white
52 ser azul to be blue
53 ser anaranjado to be orange
54 ser rojo to be red
55 ser amarillo to be yellow
56 ser gris to be gray

–Veinte menos quince son cinco.
–Twenty minus fifteen is five.

–Trece más siete son veinte.
–Thirteen plus seven is twenty.

–Tres por cuatro son doce.
–Three times four is twelve.

–Veinticuatro entre seis son cuatro.
–Twenty-four divided by six is four.

1	**túnel** tunnel	
2	**señal de tráfico** traffic sign	
3	**frenar** to brake, to stop	
4	**carril** lane	
5	**acotamiento, el arcén** shoulder	
6	**convertible, el descapotable** convertible	
7	**conducir** to drive	
8	**pasar, adelantar** to pass	
9	**ir rápido** to go fast, to speed	
10	**puente** overpass	
11	**curva** curve	

12	**autopista** freeway
13	**camioneta, furgoneta** van
14	**camión** truck
15	**acelerar** to accelerate
16	**salida** exit
17	**peaje** toll
18	**carretera** highway
19	**área de servicio** service station
20	**arrancar** to start (up)
21	**estacionarse** to park

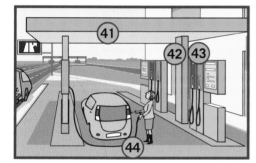

22	**capó** hood	40	**caja de velocidades, caja de cambios** stick shift
23	**batería** battery	41	**gasolinera** gas station
24	**motor** engine	42	**diésel, gasoil** diesel (fuel)
25	**radiador** radiator	43	**gasolina** gas
26	**placa, matrícula** license plate	44	**llenar el tanque** to fill the tank
27	**luz** headlight	45	**gato** jack
28	**defensas, parachoques** bumper	46	**pinchar una llanta** to get a flat tire
29	**llanta, rueda** tire, wheel	47	**inflar la llanta** to put air in the tire
30	**rin, llanta** hubcap	48	**embotellamiento, atasco** traffic jam
31	**limpiaparabrisas** windshield wipers	49	**licencia de conducir** driver's license
32	**parabrisas** windshield	50	**infracción, multa** ticket
33	**asiento** seat	51	**chocar** to crash
34	**cinturón de seguridad** seat belt	52	**choque** crash, accident
35	**cajuela, el maletero** trunk	53	**empujar** to push
36	**direccional, intermitente** turn signal	54	**descomponerse, averiarse** to break down
37	**claxon, la bocina** horn	55	**grúa** tow truck
38	**el volante** steering wheel		
39	**guantera** glove compartment		

–Mi auto se descompuso. ¿Podría enviar una grúa, por favor?
–My car has broken down. Could you send a tow truck, please?
–Lleno, por favor. Gasolina sin plomo.
–Fill her up, please. Unleaded.

1,6 kilómetros (km) = 1 milla
1.6 kilometers (km) = 1 mile
0,91 metros (m) = 1 yarda (yd)
0.91 meters (m) = 1 yard (yd)

1	**recoger el equipaje** to pick up the luggage	
2	**llegadas** arrivals	
3	**piloto** pilot	
4	**auxiliar de vuelo, azafata** flight attendant	
5	**pasajero** passenger	
6	**mapa** map	
7	**país** country	
8	**capital** capital (city)	
9	**pasaporte** passport	
10	**boleto de avión** ticket	
11	**perder el avión** to miss the plane	
12	**aeropuerto** airport	
13	**despedirse** to say good-bye	
14	**aduana** Customs	
15	**revisar el equipaje** to check luggage	
16	**esperar** to wait	
17	**salidas** departures	
18	**puerta de embarque** gate	
19	**embarcar** to board	
20	**pista de aterrizaje** runway	
21	**aterrizar** to land	
22	**despegar** to take off	
23	**volar** to fly	

24 oficina de cambio exchange bureau
25 cambiar dinero to exchange money
26 destino destination
27 vuelo flight
28 compañía aérea airline
29 facturar el equipaje to check in luggage
30 mostrador counter
31 equipaje baggage, luggage
32 maleta suitcase
33 carrito cart
34 tarjeta de embarque boarding pass
35 mochila backpack

36 guía turístico tour guide
37 oficina de turismo tourist bureau
38 mirar un mapa, consultar un mapa
   to look at a map, to check a map
39 turista tourist

40 avión airplane
41 cola tail
42 ala wing
43 ventanilla window

44 servicio de habitaciones
   room service
45 habitación individual single room
46 hacer las maletas to pack (suitcases,
   bags)
47 habitación doble double room
48 deshacer las maletas to unpack (suitcases, bags)
49 hotel hotel
50 hacer una reservación, hacer una reserva
   to make a reservation
51 recepcionista receptionist
52 recepción reception

–Quisiera reservar una habitación doble del veintisiete
al treinta de marzo, por favor.
–I'd like to reserve a double room for the twenty-seventh
to the thirtieth of March, please.

–Quisiera una habitación con vistas a la playa, por favor.
–I'd like a room with a view of the beach, please.

–¡Buen viaje!
–Have a nice trip!

–No tengo nada que declarar.
–I have nothing to declare.

–Usted tiene exceso de equipaje.
–You have excess baggage.

–Por favor, abróchense los cinturones de seguridad.
–Please fasten your seatbelts.

1   recibir una carta to receive a letter
2   telegrama telegram
3   entregar un telegrama to deliver a telegram
4   abrir una carta to open a letter
5   robar to steal (something), to rob (a person or place)
6   mensajero messenger, courier
7   tarjeta de crédito credit card
8   paquete package
9   repartir el correo to deliver the mail, to post
10 cartero mailman
11 oficina de correos post office
12 enviar un paquete to send a package

13 postal postcard
14 correo certificado certified mail
15 cerrar una carta to seal a letter
16 correo urgente priority mail
17 billetera wallet
18 billete bill
19 cajero automático automated teller machine (ATM)
20 tarjeta de débito debit card
21 banco bank
22 dinero money
23 moneda coin

24 **sacar dinero** to withdraw money, to take out money
25 **alarma** alarm
26 **cartilla** passbook
27 **guardia de seguridad** security guard
28 **estado de cuenta, el extracto** statement
29 **cheque** check
30 **ventanilla** window
31 **depositar dinero** to deposit money

32 **sobre** envelope
33 **carta** letter
34 **remitente** sender
35 **dirección** address
36 **nombre** first name
37 **apellido** last name
38 **timbre, el sello** stamp
39 **destinatario** addressee
40 **código postal** ZIP code

41 **incendio** fire
42 **bombero** fireman
43 **ayudar** to help
44 **camión de bomberos** fire truck
45 **manguera** hose
46 **apagar un incendio** to put out a fire

47 **comisaría** police station
48 **detener** to arrest
49 **policía** police officer
50 **patrulla** patrol car

—*Quisiera abrir una cuenta, por favor.*
—*I'd like to open an account, please.*

—*Me han robado la tarjeta de crédito y quería cancelarla.*
—*My credit card has been stolen and I'd like to cancel it.*

—*Quisiera enviar esta carta urgente y certificada, por favor.*
—*I'd like to send this letter by certified and priority mail.*

—*¡Socorro!*
—*Help!*

23 Los Animales Animals

1 gato cat
2 maullar to mew
3 perro dog
4 ladrar to bark
5 vaca cow
6 mugir to moo
7 ser manso to be tame, domesticated
8 caballo horse
9 relinchar to neigh, to whinny
10 oveja sheep
11 balar to bleat
12 ser herbívoro to be herbivorous, to be grass-eating
13 cerdo pig
14 gallina hen
15 cacarear to crow, to cluck
16 pájaro bird
17 piar to chirp, to tweet
18 rana frog
19 croar to croak
20 picar to sting, to bite
21 león lion
22 ser salvaje to be wild
23 ser carnívoro to be carnivorous, meat-eating
24 rugir to roar
25 ser venenoso to be poisonous

26 águila eagle
27 oso bear
28 mariposa butterfly
29 abeja bee
30 caracol snail
31 mosquito mosquito
32 conejo rabbit
33 lobo wolf

34 elefante elephant
35 hipopótamo hippopotamus
36 jirafa giraffe
37 cebra zebra
38 cocodrilo crocodile

39 loro parrot
40 mono monkey
41 serpiente snake
42 tigre tiger

43 pingüino penguin
44 foca seal
45 delfín dolphin
46 ballena whale
47 tortuga turtle
48 pez fish
49 pulpo octopus
50 estrella de mar starfish
51 tiburón shark

52 hocico snout, muzzle
53 lomo back
54 pata leg
55 cola tail

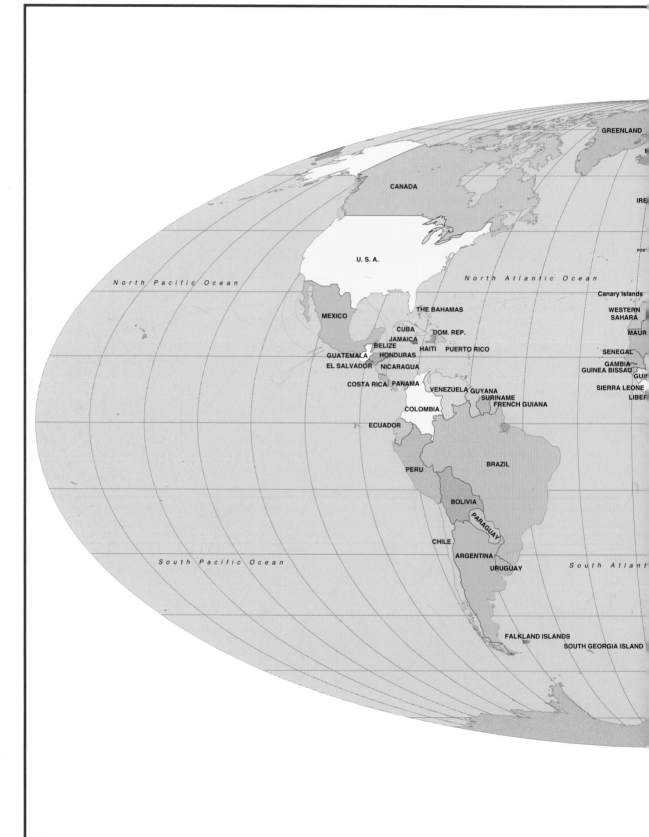

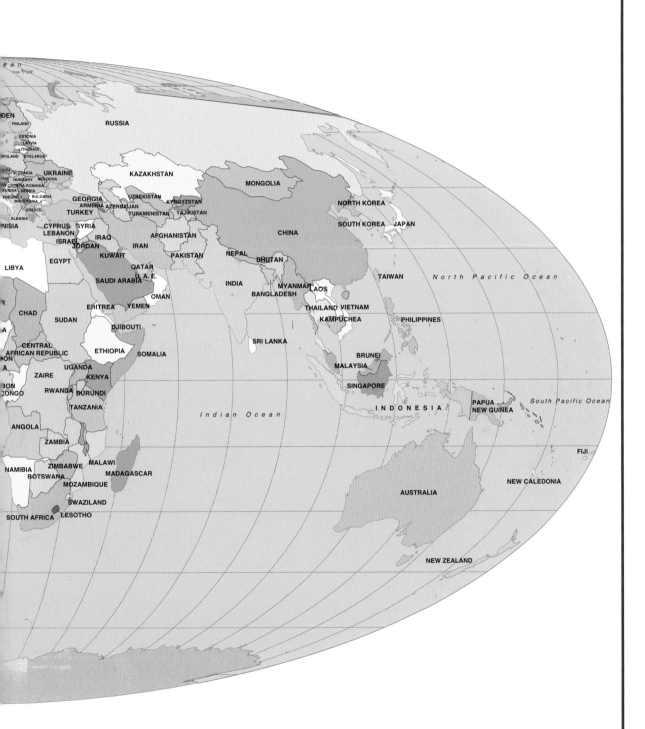

El mundo The World

1 Norte North	31 Cuba: cubano Cuba: Cuban
2 Sur South	32 Haití: haitiano Haiti: Haitian
3 Oriente, Este East	33 República Dominicana: dominicano
4 Occidente, Oeste West	Dominican Republic: Dominican
	34 Venezuela: venezolano Venezuela: Venezuelan
5 Antártida Antarctica	35 Colombia: colombiano Colombia: Colombian
6 América del Norte North America	36 Ecuador: ecuatoriano Ecuador: Ecuadorian
7 América del Sur South America	37 Perú: peruano Peru: Peruvian
8 África Africa	38 Bolivia: boliviano Bolivia: Bolivian
9 Europa Europe	39 Chile: chileno Chile: Chilean
10 Asia Asia	40 Argentina: argentino Argentina: Argentinian
11 Oceanía Oceania	41 Uruguay: uruguayo Uruguay: Uruguayan
	42 Paraguay: paraguayo Paraguay: Paraguayan
12 Océano Atlántico Atlantic Ocean	43 Brasil: brasileño Brazil: Brazilian
13 Océano Pacífico Pacific Ocean	
14 Océano Índico Indian Ocean	44 España: español Spain: Spanish
	45 Francia: francés France: French
15 Canadá: canadiense Canada: Canadian	46 Alemania: alemán Germany: German
16 Los Estados Unidos: estadounidense The United	47 Bélgica: belga Belgium: Belgian
States of America: American	48 Países Bajos (Holanda): holandés
17 México: mexicano Mexico: Mexican	The Netherlands (Holland): Dutch
	49 Reino Unido: británico United Kingdom:
18 Marruecos: marroquí Morocco: Moroccan	British
19 Egipto: egipcio Egypt: Egyptian	50 Irlanda: irlandés Ireland: Irish
20 Suráfrica: surafricano South Africa: South African	51 Dinamarca: danés Denmark: Danish
	52 Noruega: noruego Norway: Norwegian
21 China: chino China: Chinese	53 Suecia: sueco Sweden: Swedish
22 India: indio India: Indian	54 Suiza: suizo Switzerland: Swiss
23 Japón: japonés Japan: Japanese	55 Austria: austriaco Austria: Austrian
	56 Polonia: polaco Poland: Polish
24 Australia: australiano Australia: Australian	57 Italia: italiano Italy: Italian
	58 Grecia: griego Greece: Greek
25 Guatemala: guatemalteco Guatemala: Guatemalan	59 Turquía: turco Turkey: Turkish
26 El Salvador: salvadoreño El Salvador: Salvadorian	60 Rusia: ruso Russia: Russian
27 Honduras: hondureño Honduras: Honduran	
28 Nicaragua: nicaragüense Nicaragua: Nicaraguan	
29 Costa Rica: costarricense Costa Rica: Costa Rican	
30 Panamá: panameño Panama: Panamanian	

Las lenguas

el alemán German	el italiano Italian
el árabe Arabic	el japonés Japanese
el bengalí Bengali	el javanés Javanese
el chino Chinese	el polaco Polish
el coreano Korean	el portugués Portuguese
el español Spanish	el ruso Russian
el francés French	el turco Turkish
el hindi Hindi	el urdu Urdu
el inglés English	el vietnamita Vietnamese

–*¿De dónde es usted?*
–*Where are you from?*
–*Soy mexicano, de Puebla.*
–*I'm Mexican, from Puebla.*

–*¿Sabe cuál es la capital de Chile?*
–*Do you know what the capital of Chile is?*
–*Sí, Santiago.*
–*Yes, Santiago.*

–*¿Conoce Guatemala?*
–*Have you ever been to Guatemala?*
–*Sí, estuve allí el verano pasado.*
–*Yes, I was there last summer.*

–*¿Habla usted español?*
–*Do you speak Spanish?*
–*Sí, hablo español y francés.*
–*Yes, I speak Spanish and French.*

Aprenda inglés con imágenes

1 Observa este árbol genealógico y completa las oraciones.

	Felipe ┤ ├ María		
Jaime ┤ ├ Ana	José ┤ ├ Gema	Antonio
Alberto	Sonia	Eva

| parents | wife | sisters | grandparents | cousin | husband | uncle | son |

1 Felipe and María are the _____ of Alberto, Sonia and Eva.

2 Gema is the _____ of José.

3 Jaime and Ana are the _____ of Alberto.

4 Alberto is the _____ of Sonia and Eva.

5 Alberto is the _____ of Jaime and Ana.

6 Sonia and Eva are _____.

7 Jaime is the _____ of Ana.

8 Antonio is the _____ of Alberto, Sonia and Eva.

2 Observa estas ilustraciones, luego redacta la frase que la describe.

| take a bath | comb one's hair | get dressed | go to bed | get up | brush one's teeth |

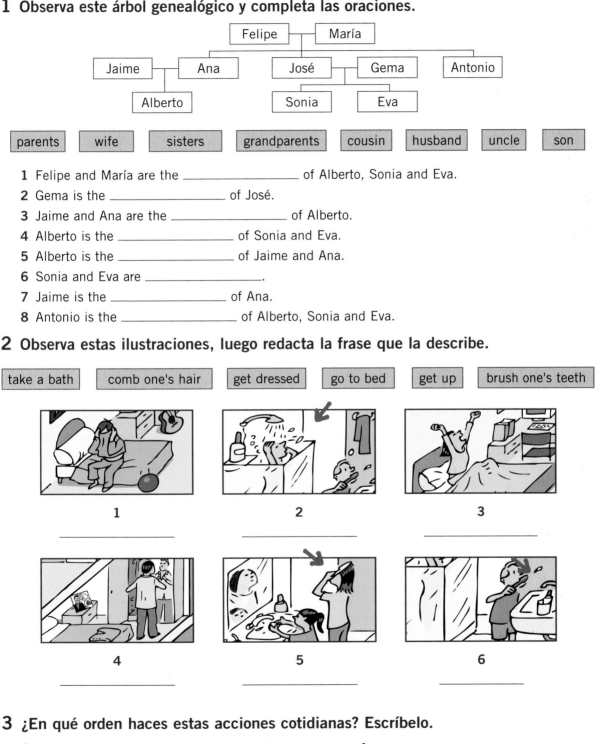

1   2   3

_____   _____   _____

4   5   6

_____   _____   _____

3 ¿En qué orden haces estas acciones cotidianas? Escríbelo.

1 _____   4 _____

2 _____   5 _____

3 _____   6 go to bed

1 Marca las palabras que representan las ilustraciones.

☐ old
☐ young

☐ short
☐ tall

☐ fat
☐ thin

☐ gray-haired
☐ bald

☐ blonde
☐ brunette

☐ beard
☐ moustache

☐ short-haired
☐ long-haired

☐ tan
☐ freckles

☐ straight-haired
☐ curly-haired

☐ pig-tails
☐ braids

☐ light-eyed
☐ dark-eyed

☐ adult
☐ elderly person

---

1 Observa las ilustraciones, únelas con sus opuestos y escribe lo que son.

1 to be calm

a _____

2 to be sociable

b _____

3 to be generous

c _____

4 to laugh

d _____

5 to be hot

e _____

Answers: 1. b - to be nervous; 2. c - to be shy; 3. a - to be selfish; 4. e - to cry; 5. d - to be cold.

1 Observa las ilustraciones y completa el crucigrama.

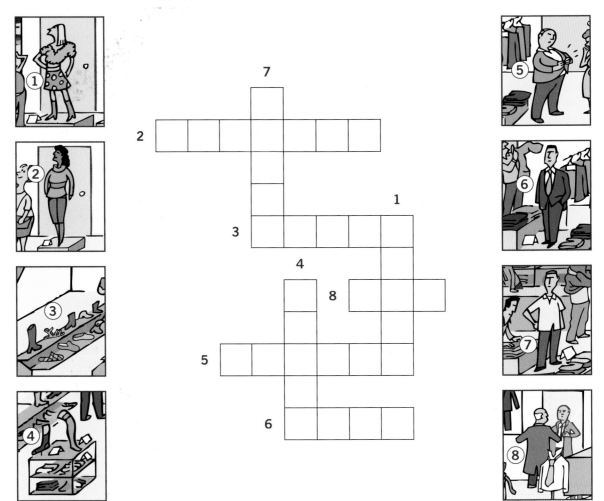

2 Organiza las letras para formar los nombres de estas prendas de ropa y accesorios.

1 eti _____
2 sders _____
3 thris _____
4 cwath _____

5 grin _____
6 selubo _____
7 majapas _____
8 celebrat _____

3 Completa las palabras. Luego, únelas con sus opuestos.

1 l__ng
2 lo__ s__
3 p__e__ty

a __ig__t
b u__l__
c s__or__

Aprenda inglés con imágenes

1 Observa las ilustraciones y completa las oraciones.

1 The veterinarian works at a _____.

2 The _____ works at a studio.

3 The lawyer works at a _____.

4 The _____ works at a workshop.

5 The businessman has a _____.

6 The _____ works at home.

7 The scientist works in a _____.

8 The _____ drives a truck.

9 The psychologist works at an _____.

10 The _____ teaches classes at the university.

Answers: 1. clinic; 2. architect; 3. law firm; 4. mechanic; 5. factory/business; 6. housewife; 7. laboratory; 8. truck driver; 9. office; 10. professor.

1 Observa las ilustraciones y trata de encontrar estas palabras en el buscador.

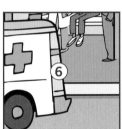

W	R	A	M	B	U	L	A	N	C	E	T
E	A	I	W	A	C	S	Z	Q	Y	H	D
P	C	I	D	H	J	I	X	E	E	A	E
A	Z	S	T	E	L	G	J	R	L	R	N
T	U	T	S	I	Y	I	M	F	M	C	T
I	M	R	N	D	N	O	A	E	O	L	I
E	U	K	B	S	M	G	D	W	Z	F	S
N	C	U	D	E	L	I	R	U	P	A	T
T	S	H	T	G	C	Y	A	O	K	M	R
	I	E	R	I	B	T	M	V	O	E	N
	R	Y	N	S	Q	S	L	E	B	M	S
P	R	E	S	C	R	I	P	T	I	O	N

2 Completa los nombres de las partes del cuerpo.

1 h__a__   6 t__ __o__t
2 __a__d   7 __ __o__a __h
3 __ __g   8 __n__e
4 a__ __ __   9 m__l__r
5 f__ __g__r   10 f__ __ __t

_____

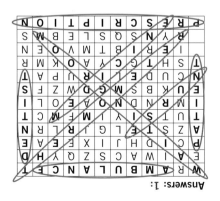

1 Observa las ilustraciones y completa el crucigrama.

2 Une los opuestos.

1 near   a closed

2 in front of   b far

3 above   c behind

4 open   d below

1 Observa las ilustraciones. Luego escribe el nombre de cada mueble o electrodoméstico en el lugar correcto.

| sofa | bed | table | refrigerator | shower |

| armchair | closet | sink | dishwasher | chair |

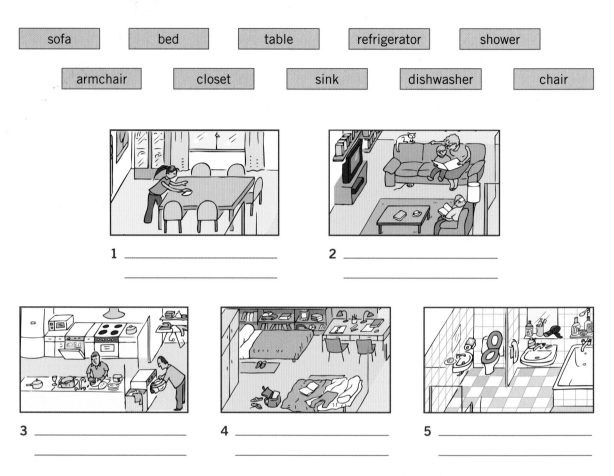

1 _____   2 _____

_____   _____

3 _____ 4 _____ 5 _____

_____ _____ _____

2 Completa el nombre de las habitaciones del ejercicio anterior con las letras que faltan.

1 d__ni__g   r__om   2 l__v__ng   __o__m

3__it__h__n   4 b__ __ro__m   5 __a__hr__ __m.

3 Une las columnas para formar frases verbales.

1 clean	a the bed
2 wash	b clean
3 do	c the house
4 make	d the dishes
5 to be	e a load of laundry

1 Observa las ilustraciones y completa el crucigrama.

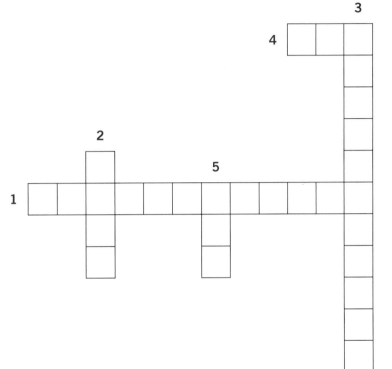

2 Completa estas palabras con las letras que faltan.

1 p__ __k

2 b__s __t__p

3 st__e__ __

4 p__r__in__ __o__

5 __ro__s__ a__k

6 s__b__a__ s__a__i__n

3 Escribe el opuesto de cada verbo.

1 enter ↔ _____

2 ask ↔ _____

3 get on ↔ _____

4 turn right ↔ _____

1 Observa las ilustraciones y escribe el nombre debajo de cada ilustración.

window display	receipt	hairdresser	tag	stationary store

bag	travel agency	bouquet of roses

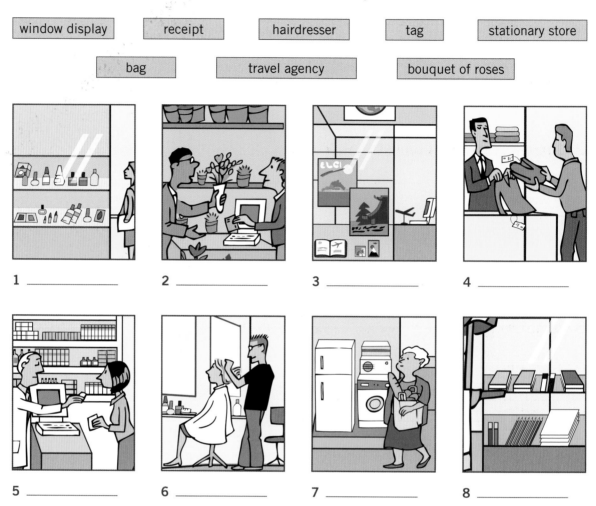

1 _____

2 _____

3 _____

4 _____

5 _____

6 _____

7 _____

8 _____

2 Organiza las letras de las palabras de abajo. Luego une cada palabra con su definición.

1 crelnea ydr _____

2 kobo resot _____

3 iskok _____

4 tascroale _____

5 crampahy _____

6 poshping laml _____

7 ahri loans _____

8 welyrej trose _____

a Place where you can find many stores.

b Place where you can buy books.

c Place where you can buy a newspaper.

d Place where you can buy medicine.

e You use it to go up and down floors.

f Place where you can buy a ring.

g Place where you can get a hair cut.

h Place you can have clothes washed and pressed.

Aprenda inglés con imágenes

1 Marca la palabra que no pertenece a cada grupo.

1 yogurt ~ milk ~ cheese ~ rice

2 juice ~ chicken ~ milk ~ oil

3 bottle ~ can ~ box ~ shellfish

4 liter ~ frozen foods ~ butcher store ~ fruit store

5 beef ~ chicken ~ fish ~ pork

2 Observa la imagen y organiza las letras.

1 taspa _____

2 osockie _____

3 gegs _____

4 rulof _____

5 icer _____

6 cotachelo _____

3 Completa las palabras y descubre la frase misteriosa.

1 | s | h | | | | i | n | g | | | l | | s | |
    1   4   5   6

2 | w | a | | t | | | | n | | l | | | e |
      10   7

3 | | s | |

4 | | u | t |

5 | w | | i | g | |
           2

6 | c | | a | r | | e |
         11   8

7 | c | | | t |
    9   3   12

Palabra escondida (Mystery word):

| 1 | 2 | 3 | 4 | 5 | 6 | 7 | 8 | | 9 | 10 | 11 | 12 |

1 Marca las palabras que representan las ilustraciones.

☐ orange
☐ grapefruit

☐ cauliflower
☐ broccoli

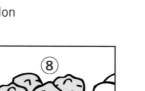

☐ walnut
☐ hazelnut

☐ unripe
☐ ripe

☐ watermelon
☐ melon

☐ apple
☐ pear

☐ strawberry
☐ raspberry

☐ chickpea
☐ lentil

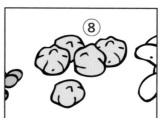

☐ onion
☐ garlic

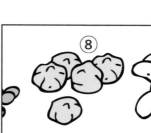

☐ eggplant
☐ pepper

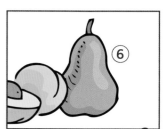

☐ grape
☐ cherry

☐ avocado
☐ pineapple

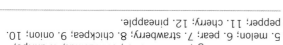

Answers: 1. orange; 2. cauliflower; 3. hazelnut; 4. unripe; 5. melon; 6. pear; 7. strawberry; 8. chickpea; 9. onion; 10. pepper; 11. cherry; 12. pineapple.

68 sixty-eight *Aprenda inglés con imágenes*

1 Organiza las letras de los productos. Luego organízalos en la mesa de acuerdo al momento en que los comes.

1 relace

_____

2 adlas

_____

3 upos

_____

4 foecef

_____

5 redab

_____

6 papel epi

_____

7 maj

_____

8 akset iwht topetoas

_____

9 tubert

_____

Breakfast	Lunch	Snack	Dinner

2 ¿Qué acostumbras a hacer...? Completa el crucigrama.

1 We eat dessert with it.

2 We drink water with this.

3 We eat soup with it.

4 We use it to eat salad.

5 We use it to cut meat.

6 We use it to drink coffee or tea.

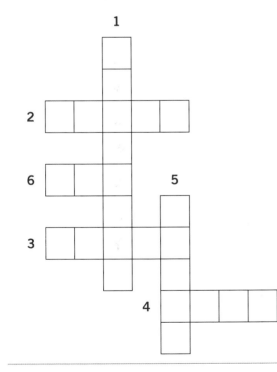

Answers: 1: 1. cereal; 2. salad; 3. soup; 4. coffee; 5. bread; 6. apple pie; 7. jam; 8. steak with potatoes; 9. butter. **2:** 1. teaspoon; 2. glass; 3. spoon; 4. fork; 5. knife; 6. cup.

1 Marca la palabra que no pertenece a cada grupo.

1 printer ~ boss ~ photocopier ~ phone ~ fax
2 notebook ~ pen ~ pencil ~ office ~ folder
3 manager ~ employee ~ interview ~ secretary ~ coworker
4 office ~ business ~ reception desk ~ resume

2 Observa las ilustraciones. Luego organiza las letras de estos verbos.

1 kwor

2 trinp

3 runt fof

4 life

5 nigs

6 runt no

7 dens a xaf

8 teem

9 lakt no het enoph

10 rivear tale

11 vahe na tintenpomap

12 pothpocyo

Aprenda inglés con imágenes

1 Organiza las letras para formar las palabras que muestran las ilustraciones.
Luego une los dibujos relacionados en ambas columnas.

1 cretcon _____

2 kitect _____

3 imvoe _____

4 gintapin _____

5 gates _____

a repanit _____

b herartet _____

c xob focife _____

d vimeo retather _____

e unimacis _____

Answers: 1-e. (concert-musician); 2-c (ticket-box office);
3-d (movie-movie theater); 4-a (painting-painter); 5-b
(stage-theater).

1 Observa las ilustraciones y únelas con los verbos correspondientes.

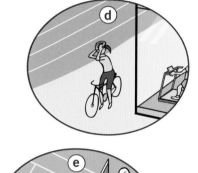

_____ **1** jump
_____ **2** swim
_____ **3** run
_____ **4** ride a bike
_____ **5** win
_____ **6** lose
_____ **7** tie
_____ **8** play soccer

2 Clasifica las palabras colocándolas en la tabla.

| T-shirt | goal | baseball | helmet | swimming | soccer |

| track and field | bicycle | racket | bat | cycling |

| tennis | basketball |

Sports	Equipment

Aprenda inglés con imágenes

1 Escribe cada palabra debajo de la ilustración correcta. ¡Ten cuidado! ¡Hay más palabras que ilustraciones!

| sea | sand | mountain | tree | forest |

| moon | sky | cloud | sun | river |

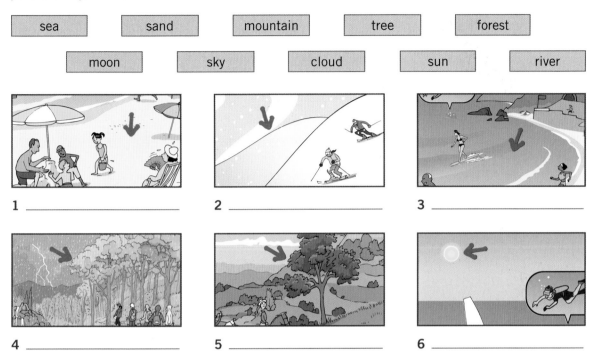

1 _____

2 _____

3 _____

4 _____

5 _____

6 _____

2 ¿Cómo anda el tiempo? Une las palabras con la ilustración correcta.

1 to rain   2 to snow   3 to be stormy   4 to be cold   5 to be hot

3 Escribe las letras que faltan para completar los nombres de estas actividades al aire libre.

1 c____p

2 s__nb__th__

3 __i__h

4 h__k__n__

5 h__rs__b__c__ r__d__ng

6 __c__b__ d__v__ng

7 s____ing

8 c__im__

1 Escribe las letras que faltan para completar los nombres de los meses del año.

1 __an__a__y   7 __u__y

2 F__br__ar__   8 A__g__s__

3 M__r____   9 __e__t__m__e__

4 __p__i__   10 O__t__b__r

5 __a__   11 __o__e__b__r

6 J__n__   12 D__c__m__e__

2 Coloca los nombres de los días de la semana que faltan en la lista.

| Sunday | Tuesday | Saturday | Friday | Wednesday |

1 Monday   5 _____

2 _____   6 _____

3 _____   7 _____

4 Thursday

3 Observa los relojes y completa las horas.

1 It's _____ one _____.

2 It's _____ to _____.

3 It's five _____ four.

4 It's _____ after_____.

5 It's six _____.

6 It's _____ in the _____.

1 ¿Qué color es éste? Escribe el nombre del color correspondiente.

blue	white	green	yellow	red	black	brown	orange

1 _____ 2 _____ 3 _____ 4 _____

5 _____ 6 _____ 7 _____ 8 _____

2 Escribe el nombre de estos números.

a 15 _____   b 6 _____   c 12 _____

d 18 _____   e 10 _____   f 14 _____

g 1.30 _____   h 20 _____   i 50 _____

j 100 _____   k 1,000 _____   l 1,000,000 _____

3 Marca las palabras que representan las ilustraciones.

☐ old   ☐ big   ☐ round

☐ new   ☐ small   ☐ square

4 Escribe los números ordinales que faltan en la lista.

1st first   **2nd** _____   **3rd** third   **4th** _____   **5th** fifth

6th _____   **7th** seventh   **8th** _____   **9th** ninth   **10th** _____

1 Escribe el nombre de estas partes de un automóvil.

1 _____

2 _____

3 _____

4 _____

5 _____

6 _____

7 _____

8 _____

9 _____

10 _____

11 _____

12 _____

13 _____

14 _____

15 _____

16 _____

2 Observa las ilustraciones y completa el crucigrama.

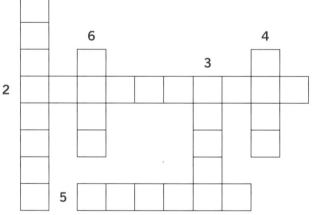

Answers: 1: 1. windshield; 2. windshield wipers; 3. headlight; 4. turn signal; 5. hood; 6. bumper; 7. tire; 8. hubcap; 9. trunk; 10. license plate; 11. engine/ motor; 12. battery; 13. radiator; 14. steering wheel; 15. seat; 16. seat belt. **2:** 1. tow truck; 2. traffic jam; 3. curve; 4. lane; 5. ticket; 6. jack.

Aprenda inglés con imágenes

1 Organiza las letras. Luego une las palabras y las ilustraciones.

1 outrist eficof

_____

2 radigbon spas

_____

3 panel ketict

_____

4 cabkapck

_____

5 leanpinar

_____

6 glifth tantadent

_____

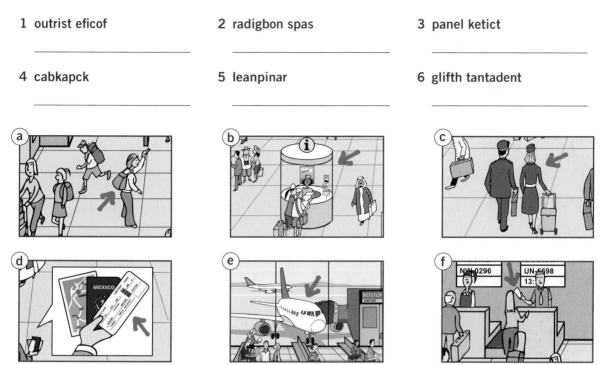

2 Primeramente, coloca estas acciones en el orden correcto. Luego escribe cada acción debajo de la ilustración correspondiente.

_____ unpack bags

__1__ pack bags

_____ pick up the luggage

_____ check the luggage

_____ fly

_____ land

_____ say goodbye

_____ take off

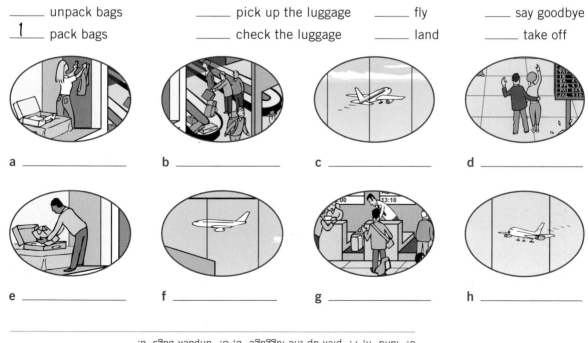

a _____

b _____

c _____

d _____

e _____

f _____

g _____

h _____

---

1 Observa las ilustraciones. Luego escribe el verbo adecuado debajo de cada ilustración. ¡Ten cuidado! ¡Hay más palabras que ilustraciones!

| deposit money | withdraw money | help | receive a letter |

| open a letter | send a package |

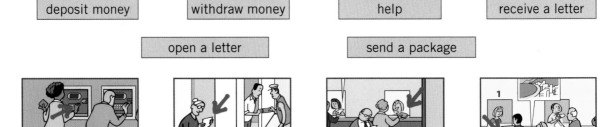

1 _____ 2 _____ 3 _____ 4 _____

2 Coloca en el mapa las palabras que faltan.

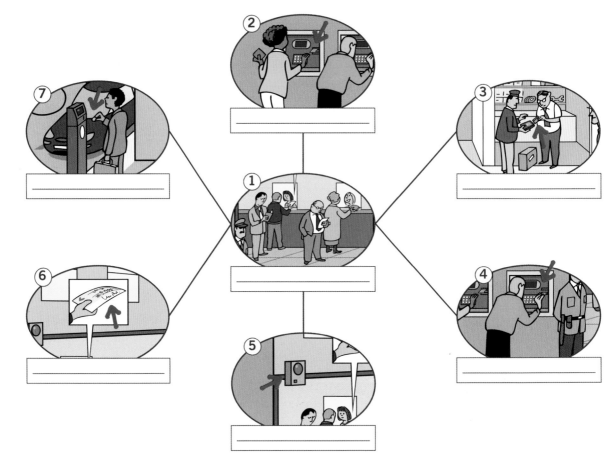

1 Observa las ilustraciones y escribe el nombre de cada animal debajo. Luego une cada una con el verbo correspondiente.

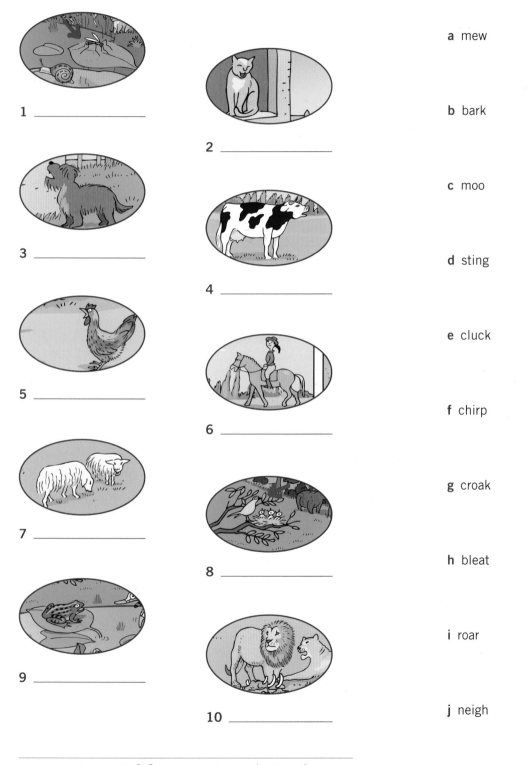

a mew

b bark

c moo

d sting

e cluck

f chirp

g croak

h bleat

i roar

j neigh

1 _____

2 _____

3 _____

4 _____

5 _____

6 _____

7 _____

8 _____

9 _____

10 _____

Answers: 1. mosquito -d; 2. cat -a; 3. dog -b; 4. cow -c; 5. hen -e; 6. horse -j; 7. sheep -h; 8. bird -f; 9. frog -g; 10. lion -i.

1 Escribe el nombre del país o nacionalidad correspondiente.

1 The United States: _____

2 _____: Canadian

3 China: _____

4 _____: Japanese

5 Australia: _____

6 _____: French

7 Germany: _____

8 _____: Italian

9 Greece: _____

10 _____: Mexican

11 Spain: _____

12 _____: Salvadorian

13 The Dominican Republic: _____

14 _____: Costa Rican

15 Colombia: _____

16 _____: Bolivian

17 Argentina: _____

18 _____: Chilean

2 Une cada país con su capital.

| 1 Bolivia | 3 Colombia | 5 Uruguay | 7 Costa Rica | 9 The United Kingdom |

| 2 Cuba | 4 Venezuela | 6 Chile | 8 Argentina | 10 Spain |

| a Santiago | c San José | e Madrid | g Buenos Aires | i La Paz |

| b Montevideo | d Caracas | f London | h Bogotá | j Havana |

3 En el buscador de palabras, localiza los nombres de los continentes.

H	U	L	T	S	V	E	R	I	Q	U	N
E	P	L	M	O	D	F	S	K	A	Y	O
B	C	E	Y	U	M	I	G	T	R	A	C
I	E	U	K	T	E	H	C	P	F	N	E
N	O	R	T	H	A	M	E	R	I	C	A
O	R	O	H	A	M	E	I	C	A	S	N
C	N	P	T	M	S	C	S	E	I	L	I
P	U	E	R	E	A	M	N	A	S	T	A
E	A	S	I	R	M	E	P	L	I	A	N
M	F	O	C	I	A	N	I	U	E	P	E
A	D	T	P	C	H	T	F	S	N	U	L
S	A	N	T	A	R	C	T	I	C	A	T

Aprenda inglés con imágenes

Glosario Español-Inglés

abajo (estar ~): below (to be ~) U7, p. 20
abeja (f.): bee U23, p. 53
abierto (estar ~): open (to be ~) U7, p. 21
abogado (m.): lawyer U5, p. 16
abrigo (m.): coat U4, p. 15
abril: April U18, p. 42
abrir una carta: to open a letter U22, p. 50
abrocharse: to button (up), to fasten U4, p. 14
abuela (f.): grandmother U1, p. 9
abuelo (m.): grandfather U1, p. 9
abuelos (m.): grandparents U1, p. 9
aburrido (estar ~): bored (to be ~) U3, p. 13
aburrirse: to get bored U15, p. 36
acá (estar ~): here (to be ~) U7, p. 20
acampar: to camp, to go camping U17, p. 41
aceite (m.): oil U13, p. 33
acelerar: to accelerate U20, p. 46
acelga (f.): Swiss chard U12, p. 30
acera (f.): sidewalk U9, p. 24
acostado (estar ~): lying down (to be ~) U6, p. 19
acostarse: to go to bed U1, p. 9
acotamiento (m.): shoulder U20, p. 46
actor (m.): actor U5, p. 16
actriz (f.): actress U5, p. 16
adelantar: to pass U20, p. 46
adentro (estar ~): inside (to be ~) U7, p. 20
adolescente (m./f.): adolescent, teenager U2, p. 10
aduana (f.): Customs U21, p. 48
adulto (m.): adult U2, p. 10
aeropuerto (m.): airport U21, p. 48
afeitarse: to shave U1, p. 9
África: Africa U24, p. 56
afuera (estar ~): outside (to be ~) U7, p. 20
afueras (f.): the outskirts U9, p. 24
agencia de viajes (f.): travel agency U10, p. 27
agenda (f.): calendar U14, p. 35
agosto: August U18, p. 42
agricultor (m.): farmer U5, p. 16
agua (f.): water U13, p. 33
aguacate (m.): avocado U12, p. 31
águila (f.): eagle U23, p. 53
aire acondicionado (m.): air conditioning U7, p. 21
ajo (m.): garlic U12, p. 30
ala (f.): wing U21, p. 49
alarma (f.): alarm U22, p. 51
albañil (m.): bricklayer U5, p. 17
alcachofa (f.): artichoke U12, p. 30
alcalde (m.): mayor U5, p. 16
alcantarilla (f.): sewer U9, p. 25
alegre (ser ~): happy (to be ~) U3, p. 12
alemán: German U24, p. 56
Alemania: Germany U24, p. 56
alfombra (f.): rug U8, p. 23
allá (estar ~): over there (to be ~) U7, p. 20
allí (estar ~): there (to be ~) U7, p. 20
almendra (f.): almond U12, p. 31
almohada (f.): pillow U8, p. 23
almorzar: to have lunch U13, p. 32
alquilar: to rent U7, p. 21
alto (ser ~): tall (to be ~) U2, p. 10
ama de casa (f.): housewife U5, p. 17
amable (ser ~): kind (to be ~), nice (to be ~) U3, p. 12
amanecer: to get light U18, p. 43
amarillo (ser ~): yellow (to be ~) U19, p. 45

ambulancia (f.): ambulance U6, p. 18
América del Norte: North America U24, p. 56
   ~ del Sur: South America U24, p. 56
amigo (m.): friend U1, p. 8
anaranjado (ser ~): orange (to be ~) U19, p. 45
ancho (estar ~): loose (to be ~) U4, p. 14
anciano (m.): elderly person, old man U2, p. 10
andén (m.): platform U9, p. 25
anillo (m.): ring U4, p. 15
año (m.): year U18, p. 42
Año Nuevo (m.): New Year's Day U18, p. 42
Antártida: Antarctica U24, p. 56
antena (f.): antenna U7, p. 21
antes de ayer: the day before yesterday U18, p. 43
antipático (ser ~): unfriendly (to be ~) U3, p. 12
apagar: to turn off U14, p. 34
   ~ un incendio: to put out a fire U22, p. 51
apartamento (m.): apartment U7, p. 20
apellido (m.): last name U22, p. 51
apio (m.): celery U12, p. 30
aplaudir: to applaud, to clap U15, p. 36
aquí (estar ~): here (to be ~) U7, p. 20
árabe: Arabic U24, p. 56
arándano (m.): blueberry U12, p. 31
árbitro (m.): referee U16, p. 39
árbol (m.): tree U17, p. 41
arcén (m.): shoulder U20, p. 46
archivar: to file U14, p. 35
arco (m.): goal U16, p. 39
área de servicio (m.): service station U20, p. 46
arena (f.): sand U17, p. 41
aretes (m.): earrings U4, p. 15
Argentina: Argentina U24, p. 56
argentino: Argentinian U24, p. 56
armario (m.): closet U8, p. 23
arquero (m.): goalkeeper U16, p. 39
arquitecto (m.): architect U5, p. 17
arrancar: to start (up) U20, p. 46
arriba (estar ~): above (to be ~), on top of (to be ~) U7, p. 20
arroba (f.): "at" symbol U14, p. 35
arroz (m.): rice U11, p. 29
artículos de limpieza (m.): cleaning products U11, p. 28
arveja (f.): pea U12, p. 30
ascensor (m.): elevator U7, p. 21
Asia: Asia U24, p. 56
asiento (m.): seat U20, p. 47
atardecer: to get dark U18, p. 43
atasco (m.): traffic jam U20, p. 47
aterrizar: to land U21, p. 48
atletismo (m.): track and field U16, p. 38
atrás (estar ~): behind (to be ~) U7, p. 20
Australia: Australia U24, p. 56
australiano: Australian U24, p. 56
Austria: Austria U24, p. 56
austriaco: Austrian U24, p. 56
auto (m.): car U9, p. 25
autobús (m.): bus U9, p. 25
autopista (f.): freeway U20, p. 46
auxiliar de vuelo (m.): flight attendant U21, p. 48
avellana (f.): hazelnut U12, p. 31
avenida (f.): avenue U9, p. 24
averiarse: to break down U20, p. 47
avión (m.): airplane U21, p. 49
ayer: yesterday U18, p. 43
ayudar: to help U22, p. 51

azafata (f.): flight attendant U21, p. 48
azucarera (f.): sugar bowl U13, p. 33
azucarero (m.): sugar bowl U13, p. 33
azul (ser ~): blue (to be ~) U19, p. 45

b

bailar: to dance U15, p. 36
bailarín (m.): dancer U15, p. 36
bajar del autobús: to get off a bus U9, p. 25
bajo (ser ~): short (to be ~) U2, p. 10
balancín (m.): seesaw U15, p. 37
balar: to bleat U23, p. 52
ballena (f.): whale U23, p. 53
bañarse: to take a bath U1, p. 9
banco (m.): bench U9, p. 25; bank U22, p. 50
bandeja (f.): tray U13, p. 32
bañera (f.): bathtub U8, p. 23
(cuarto de) baño (m.): bathroom U8, p. 22
barato (ser ~): cheap (to be ~) U11, p. 28
barco de vela (m.): sailboat U17, p. 41
barra de chocolate (f.): chocolate bar U11, p. 29
 ~ de pan (f.): loaf of bread U11, p. 29
barrendero (m.): street cleaner U5, p. 16
barrio (m.): neighborhood U9, p. 24
basquetbol, básquetbol (m.): basketball U16, p. 38
bate (m.): bat U16, p. 39
batería (f.): battery U20, p. 47
bebé (m.): baby U2, p. 10
beber: to drink U13, p. 32
bebidas (f.): drinks U11, p. 28
béisbol (m.): baseball U16, p. 38
belga: Belgian U24, p. 56
Bélgica: Belgium U24, p. 56
bengalí: Bengali U24, p. 56
berenjena (f.): eggplant U12, p. 30
besar: to kiss U3, p. 13
biblioteca (f.): library U9, p. 24
bicicleta (f.): bicycle U16, p. 38
bikini (m.): bikini U4, p. 15
billete (m.): bill U22, p. 50
billetera (f.): wallet U22, p. 50
bistec con papas (m.): steak with potatoes U13, p. 33
blanco (ser ~): white (to be ~) U19, p. 45
blusa (f.): blouse U4, p. 15
boca (f.): mouth U6, p. 19
bocina (f.): horn U20, p. 47
boda (f.): wedding U1, p. 8
bol (m.): bowl U13, p. 33
boletería (f.): box office U15, p. 37
boleto (m.): ticket U15, p. 37
 ~ (de avión) (m.): plane ticket U21, p. 48
bolígrafo (m.): pen U14, p. 35
Bolivia: Bolivia U24, p. 56
boliviano: Bolivian U24, p. 56
bolsa (f.): purse U4, p. 15; bag U10, p. 26
bolso (m.): purse U4, p. 15
bombero (m.): fireman U22, p. 51
bonito (ser ~): nice (to be ~), pretty (to be ~) U4, p. 14
bosque (m.): forest U17, p. 40
botas (f.): boots U4, p. 15
bote de basura (m.): garbage can U7, p. 21; trash can U9, p. 25
botella (f.): bottle U11, p. 29
bragas (f.): panties U4, p. 15

Brasil: Brazil U24, p. 56
brasileño: Brazilian U24, p. 56
brazo (m.): arm U6, p. 19
británico: British U24, p. 56
brócoli (m.): broccoli U12, p. 30
bronceado (estar ~): tan (to be ~), dark skin (to have ~) U2, p. 11
bucear: to go scuba diving U17, p. 41
bufanda (f.): scarf U4, p. 15
bufete (m.): law firm U5, p. 17
butaca (f.): seat U15, p. 37
buzón (m.): mailbox U9, p. 25

c

caballo (m.): horse U23, p. 52
cabeza (f.): head U6, p. 19
cabina telefónica (f.): telephone booth U9, p. 25
cacahuate (m.): peanut U12, p. 31
cacarear: to crow, to cluck U23, p. 52
cachete (m.): cheek U6, p. 19
café (m.): coffee U13, p. 33
 ~ con leche (m.): coffee with milk U13, p. 33
 ~ (ser ~): brown (to be ~) U19, p. 45
cafetera (f.): coffee pot U13, p. 33
cafetería (f.): café U15, p. 36
caja (f.): checkout U11, p. 28; box U11, p. 29
 ~ de cambios (f.): stick shift U20, p. 47
 ~ de velocidades (f.): stick shift U20, p. 47
cajero (m.): cashier U11, p. 28
 ~ automático (m.): automated teller machine (ATM) U22, p. 50
cajuela (f.): trunk U20, p. 47
calabaza (f.): pumpkin U12, p. 30
calcetines (m.): socks U4, p. 15
calculadora (f.): calculator U14, p. 35
calefacción (f.): heating U7, p. 21
calendario (m.): calendar U18, p. 42
caliente (estar ~): hot (to be ~) U13, p. 32
calle (f.): street U9, p. 24
calvo (estar ~): bald (to be ~) U2, p. 11
calzoncillos (m.): underpants U4, p. 15
calzones (m.): panties U4, p. 15
cama (f.): bed U8, p. 23
 ~ matrimonial (f.): double bed U8, p. 23
cámara de fotos (f.): camera U15, p. 36
 ~ fotográfica (f.): camera U15, p. 36
camarero (m.): waiter U13, p. 32
cambiar: to exchange U10, p. 26
 ~ dinero: to exchange money U21, p. 49
camión (m.): truck U20, p. 46
 ~ de bomberos (m.): fire truck U22, p. 51
camionero (m.): truck driver U5, p. 16
camioneta (f.): van U20, p. 46
camisa (f.): shirt U4, p. 15
camiseta (f.): T-shirt U16, p. 38
campo (m.): countryside U17, p. 40
 ~ de fútbol (m.): football field U16, p. 39
caña de pescar (f.): fishing rod U17, p. 41
Canadá: Canada U24, p. 56
canadiense: Canadian U24, p. 56
canasta (f.): basket U16, p. 39
cancha (f.): field U16, p. 39
 ~ de tenis (f.): tennis court U16, p. 39
cansado (estar ~): tired (to be ~) U3, p. 13

cantante (m./f.): singer U15, p. 37
cantar: to sing U15, p. 37
cantimplora (f.): canteen U17, p. 41
capital (f.): capital (city) U21, p. 48
capó (m.): hood U20, p. 47
caracol (m.): snail U23, p. 53
cariñoso (ser ~): affectionate (to be ~) U3, p. 13
carne (f.): meat U11, p. 29
  ~ de res (f.): beef U11, p. 29
carnicería (f.): butcher shop U11, p. 29
carnicero (m.): butcher U11, p. 29
carnívoro (ser ~): carnivorous (to be ~),
  meat-eating U23, p. 52
caro (ser ~): expensive (to be ~) U11, p. 28
carpa (f.): tent U17, p. 41
carpeta (f.): folder U14, p. 35
carpintero (m.): carpenter U5, p. 17
carretera (f.): highway U20, p. 46
carril (m.): lane U20, p. 46
carrito (m.): cart U21, p. 49
carro (m.): shopping cart U11, p. 28
carrusel (m.): merry-go-round, carousel U15, p. 37
carta (f.): letter U22, p. 51
cartero (m.): mailman U22, p. 50
cartilla (f.): passbook U22, p. 51
casa (f.): house U7, p. 20
casado (estar/ser ~): married (to be ~) U1, p. 8
cascada (f.): waterfall U17, p. 41
casco (m.): helmet U16, p. 38
catorce: fourteen U19, p. 44
cebolla (f.): onion U12, p. 30
cebra (f.): zebra U23, p. 53
cejas (f.): eyebrows U6, p. 19
(teléfono) celular (m.): cell phone U14, p. 35
cenar: to have dinner, to have supper U13, p. 32
centro (de la ciudad) (m.): downtown U9, p. 24
(en el) centro (estar ~): in the middle (to be ~),
  in the center (to be ~) U7, p. 20
centro comercial (m.): shopping center, shopping
  mall U10, p. 26
cepillo de dientes (m.): toothbrush U8, p. 23
cerca (estar ~): near (to be ~) U7, p. 20
cerdo (m.): pork U11, p. 29; pig U23, p. 52
cereales (m.): cereal U13, p. 33
cereza (f.): cherry U12, p. 31
cero con veinte: zero point twenty U19, p. 45
cerrado (estar ~): closed (to be ~) U7, p. 21
cerrar una carta: to seal a letter U22, p. 50
chaleco salvavidas (m.): life vest U17, p. 41
champú (m.): shampoo U8, p. 23
chaqueta (f.): jacket U4, p. 15
cheque (m.): check U22, p. 51
Chile: Chile U24, p. 56
chileno: Chilean U24, p. 56
chimenea (f.): chimney U7, p. 21
China: China U24, p. 56
chino: Chinese U24, p. 56
chocar: to crash U20, p. 47
chofer (m.): bus driver U5, p. 16
choque (m.): crash, accident U20, p. 47
ciclismo (m.): cycling U16, p. 38
ciego (estar ~): blind (to be ~), sight impaired U2, p. 10
cielo (m.): sky U17, p. 40
cien: a hundred U19, p. 45
científico (m.): scientist U5, p. 17
cinco: five U19, p. 44

cincuenta: fifty U19, p. 45
cine (m.): movie theater U15, p. 37
cinta adhesiva (f.): Scotch tape®, tape U14, p. 35
cinturón (m.): belt U4, p. 14
  ~ de seguridad (m.): seat belt U20, p. 47
cirujano (m.): surgeon U6, p. 18
clavado (m.): to dive U16, p. 39
claxon (m.): horn U20, p. 47
cliente (m.): customer U10, p. 26
clínica veterinaria (f.): veterinary clinic U5, p. 17
clip (m.): paper clip U14, p. 35
cocina (f.): kitchen U8, p. 22; electric stove U8, p. 23
cocinar: to cook U13, p. 32
cocinero (m.): chef, cook U13, p. 32
cocodrilo (m.): crocodile U23, p. 53
código postal (m.): ZIP code U22, p. 51
codo (m.): elbow U6, p. 19
col (f.): cabbage U12, p. 30
cola (f.): tail U21, p. 49, U23, p. 53
coliflor (f.): cauliflower U12, p. 30
collar (m.): necklace U4, p. 15
Colombia: Colombia U24, p. 56
colombiano: Colombian U24, p. 56
columpio (m.): swing U15, p. 37
comedor (m.): dining room U8, p. 22
comer: to eat U13, p. 32
cometa (f.): kite U15, p. 37
comisaría (f.): police station U22, p. 51
compañero (m.): coworker U14, p. 34
compañía aérea (f.): airline U21, p. 49
comprar: to buy U10, p. 26
computadora (f.): desktop computer U14, p. 35
  ~ portátil (f.): laptop computer U14, p. 35
concierto (m.): concert U15, p. 37
conducir: to drive U20, p. 46
conejo (m.): rabbit U23, p. 53
congelados (m.): frozen foods U11, p. 28
conservas (f.): canned goods U11, p. 28
consulta del psicólogo (f.): psychologist's office U5, p. 17
consultar un mapa: to check a map U21, p. 49
consultorio (m.): psychologist's office U5, p. 17
contenedor de basura (m.): garbage can U7, p. 21
contento (estar ~): happy (to be ~) U3, p. 12
contestar: to answer U9, p. 25
contratar a alguien: to hire someone U14, p. 35
convertible (m.): convertible U20, p. 46
copa (f.): wine glass U13, p. 33
corbata (f.): tie U4, p. 14
coreano (m.): Korean U24, p. 56
correo certificado (m.): certified mail U22, p. 50
  ~ urgente (m.): priority mail U22, p. 50
correr: to run U16, p. 38
cortar: to cut U11, p. 28
cortinas (f.): curtains U8, p. 23
corto (estar ~): short (to be ~) U4, p. 14
Costa Rica: Costa Rica U24, p. 56
costar: to cost U11, p. 28
costarricense: Costa Rican U24, p. 56
CPU (f.): CPU U14, p. 35
croar: to croak U23, p. 52
cruce peatonal (m.): crosswalk U9, p. 25
cruzar la calle: to cross U9, p. 25
cuaderno (m.): notebook U14, p. 35
cuadra (f.): block U9, p. 24
cuadrado (ser ~): square (to be ~) U19, p. 44
cuadro (m.): painting U15, p. 37

cuarenta: forty U19, p. 45
cuarto: fourth, quarter U19, p. 45
cuatro: four U19, p. 44
Cuba: Cuba U24, p. 56
cubano: Cuban U24, p. 56
cuchara (f.): spoon U13, p. 33
cucharita (f.): teaspoon U13, p. 33
cuchillo (m.): knife U13, p. 33
cuello (m.): neck U6, p. 19
cuñado (m.): brother-in-law U1, p. 8
currículum (m.): résumé, curriculum vitae U14, p. 35
curva (f.): curve U20, p. 46

d

danés: Danish U24, p. 56
dar asco: to disgust, to gross out U3, p. 13
  ~ vergüenza: to be embarrassed U3, p. 13
  ~ vuelta a la derecha: to turn right U9, p. 24
  ~ vuelta a la izquierda: to turn left U9, p. 24
dátil (m.): date U12, p. 31
debajo (estar ~): under (to be ~) U7, p. 20
décimo: tenth U19, p. 45
decorado (m.): scenery U15, p. 37
dedo anular (m.): ring finger U6, p. 19
  ~ corazón (m.): middle finger U6, p. 19
  ~ índice (m.): index finger U6, p. 19
  ~ meñique (m.): little finger U6, p. 19
  ~ pulgar (m.): thumb U6, p. 19
defensas (f.): bumper U20, p. 47
dejar un recado: to leave a message U14, p. 34
  ~ una propina: to leave a tip U13, p. 32
delante (estar ~): in front of (to be ~) U7, p. 20
delfín (m.): dolphin U23, p. 53
delgado (ser ~): thin (to be ~) U2, p. 10
delicioso (estar ~): good (to be ~), delicious
  (to be ~) U13, p. 32
dentista (m./f.): dentist U6, p. 18
depositar dinero: to deposit money U22, p. 51
desabrocharse: to unbutton, to unfasten U4, p. 14
desayunar: to have breakfast U13, p. 32
descansar: to rest U16, p. 38
descapotable (m.): convertible U20, p. 46
descomponerse: to break down U20, p. 47
desempleado (estar ~): unemployed (to be ~) U5, p. 16
deshacer las maletas: to unpack (your suitcases,
  bags) U21, p. 49
desordenado (ser ~): messy (to be ~) U3, p. 13
despacho (m.): office U8, p. 22, U14, p. 34
despedirse: to say good-bye U21, p. 48
despegar: to take off U21, p. 48
despertador (m.): alarm clock U8, p. 23
despistado (ser ~): absentminded (to be ~),
  U3, p. 13
destinatario (m.): addressee U22, p. 51
destino (m.): destination U21, p. 49
detener: to arrest U22, p. 51
detrás (estar ~): behind (to be ~) U7, p. 20
devolver: to throw up, to vomit U6, p. 18; to return U10, p. 26
día (m.): day U18, p. 42
  ~ feriado (m.): holiday U18, p. 42
diciembre: December U18, p. 42
diecinueve: nineteen U19, p. 45
dieciocho: eighteen U19, p. 45
dieciséis: sixteen U19, p. 45
diecisiete: seventeen U19, p. 45

diente (m.): tooth U6, p. 19
diésel (m.): diesel (fuel) U20, p. 47
diez: ten U19, p. 44
Dinamarca: Denmark U24, p. 56
dinero (m.): money U22, p. 50
dirección (f.): address U22, p. 51
direccional (m.): turn signal U20, p. 47
director (m.): manager U14, p. 34; conductor U15, p. 37
directorio (m.): directory U10, p. 26
divertirse: to have fun U15, p. 36
divorciado (estar/ser ~): divorced (to be ~) U1, p. 8
doce: twelve U19, p. 44
docena de huevos (f.): dozen eggs U11, p. 29
doler la cabeza: to have a headache U6, p. 18
domingo (m.): Sunday U18, p. 43
dominicano: Dominican U24, p. 56
dormir: to sleep U1, p. 9
dos: two U19, p. 44
ducha (f.): shower U8, p. 23
ducharse: to take a shower U1, p. 9
durazno (m.): peach U12, p. 31
(reproductor de) DVD (m.): DVD (player) U8, p. 23

e

echar de menos: to miss U3, p. 13
Ecuador: Ecuador U24, p. 56
ecuatoriano: Ecuadorian U24, p. 56
edificio (m.): building U7, p. 20
  ~ de apartamentos (m.): apartment building U9, p. 24
edredón (m.): comforter U8, p. 23
educado (ser ~): polite (to be ~), well-mannered
  (to be ~) U3, p. 13
egipcio: Egyptian U24, p. 56
Egipto: Egypt U24, p. 56
egoísta (ser ~): selfish (to be ~) U3, p. 12
ejecutivo (m.): executive U5, p. 17
El Salvador: El Salvador U24, p. 56
electricista (m.): electrician U5, p. 17
elefante (m.): elephant U23, p. 53
elevador (m.): elevator U7, p. 21
embarazada (estar ~): pregnant (to be ~) U2, p. 10
embarcar: to board U21, p. 48
embotellamiento (m.): traffic jam U20, p. 47
embutidos (m.): cold cuts U11, p. 29
empatar: to tie (in a game or contest) U16, p. 38
empleada doméstica (f.): cleaning lady, domestic worker
  U5, p. 17
empleado (m.): employee U14, p. 34
empresa (f.): company U14, p. 34
empresario (m.): business man U5, p. 17
empujar: to push U20, p. 47
enamorado (estar ~): in love (to be ~) U3, p. 13
encender: to turn on U14, p. 35
enchufe (m.): socket U8, p. 22
encima (estar ~): on top of (to be ~) U7, p. 20
enero: January U18, p. 42
enfermero (m.): nurse U6, p. 18
enfermo (estar ~): sick (to be ~) U6, p. 18
enfrente (estar ~): in front of (to be ~) U7, p. 20
engrapadora (f.): stapler U14, p. 35
enojado (estar ~): angry (to be ~) U3, p. 13
ensalada (f.): salad U13, p. 33
entrada (f.): entrance U10, p. 27; first course U13, p. 33
entrar: to come in, to go in U9, p. 24
entre (estar ~): between (to be ~) U7, p. 20

entregar un telegrama: to deliver a telegram U22, p. 50
entrenador (m.): coach U16, p. 39
entrevista (f.): interview U14, p. 35
envase de cartón (m.): carton U11, p. 29
enviar un fax: to send a fax U14, p. 34
~ **un paquete**: to send a package U22, p. 50
envidioso (ser ~): envious (to be ~), jealous (to be ~) U3, p. 13
enyesado (estar ~): in a cast (to be ~) U6, p. 18
equipaje (m.): baggage, luggage U21, p. 49
equipo (m.): team U16, p. 39
es la una en punto: it´s exactly one o´clock U18, p. 43
escalar: to climb U17, p. 41
escalera (f.): stairway U7, p. 21
escaleras eléctricas (f.): escalator U10, p. 26
~ **mecánicas** (f.): escalator U10, p. 26
escaparate (m.): window display U10, p. 26
escenario (m.): stage U15, p. 37
escenografía (f.): scenery U15, p. 37
escribir un correo electrónico: to email U14, p. 35
escritor (m.): writer U5, p. 17
escritorio (m.): desk U8, p. 23
escuchar música: to listen to music U15, p. 37
escuela (f.): school U9, p. 24
escultura (f.): sculpture U15, p. 37
espalda (f.): back U6, p. 19
España: Spain U24, p. 56
español: Spanish U24, p. 56
espárrago (m.): asparagus U12, p. 30
espejo (m.): mirror U8, p. 22
esperar: to wait U21, p. 48
espinaca (f.): spinach U12, p. 30
esponja (f.): sponge U8, p. 23
esposa (f.): wife U1, p. 8
esposo (m.): husband U1, p. 8
esquiar: to ski, to go skiing U17, p. 41
esquina (f.): corner U9, p. 24
establo (m.): stable U17, p. 41
estación de metro (f.): subway station U9, p. 25
~ **de tren** (f.): train station U9, p. 25
estacionamiento (m.): parking lot U9, p. 25
estacionarse: to park U20, p. 46
estado de cuenta (m.): statement U22, p. 51
(los) Estados Unidos: the United States of America U24, p. 56
estadounidense: American U24, p. 56
estantería (f.): bookshelf U8, p. 23
Este: East U24, p. 56
estómago (m.): stomach U6, p. 19
estornudar: to sneeze U6, p. 18
estrecho (estar ~): tight (to be ~) U4, p. 14
estrella (f.): star U17, p. 40
~ **de mar** (f.): starfish U23, p. 53
estudiante (m.): student U5, p. 17
estudiar: to study U5, p. 17
estudio (m.): studio apartment U7, p. 20
~ **de arquitectura** (m.): architect's studio U5, p. 17
estufa (f.): electric stove U8, p. 23
etiqueta (f.): tag U10, p. 26
Europa: Europe U24, p. 56
exposición (f.): exhibition U15, p. 37
extracto (m.): statement U22, p. 51
extrañar: to miss U3, p. 13

f

fábrica (f.): factory U5, p. 17
facturar el equipaje: to check in luggage U21, p. 49
falda (f.): skirt U4, p. 15
falta un cuarto para las siete: it´s quarter of seven, it´s quarter till seven U18, p. 43
faltan diez para las ocho: it´s ten of eight U18, p. 43
farmacéutico (m.): pharmacist U10, p. 27
farmacia (f.): pharmacy U10, p. 27
farol (m.): streetlight U9, p. 25
farola (f.): streetlight U9, p. 25
fax (m.): fax U14, p. 34
febrero: February U18, p. 42
fecha (f.): date U18, p. 42
feo (ser ~): ugly (to be ~) U4, p. 14
fiambres (m.): cold cuts U11, p. 29
fiesta de cumpleaños (f.): birthday party U1, p. 8
fin de semana (m.): weekend U18, p. 43
firmar: to sign U14, p. 34
flojo (ser ~): lazy (to be ~) U3, p. 12
flor (f.): flower U10, p. 27
florería (f.): florist U10, p. 27
floristería (f.): florist U10, p. 27
flotador (m.): float ring U17, p. 41
foca (f.): seal U23, p. 53
fotocopiadora (f.): photocopier U14, p. 35
fotocopiar: to photocopy, to make photocopies U14, p. 35
fotógrafo (m.): photographer U5, p. 16
frambuesa (f.): raspberry U12, p. 31
francés: French U24, p. 56
Francia: France U24, p. 56
fregadero (m.): sink U8, p. 23
frenar: to brake, to stop U20, p. 46
frente (f.): forehead U6, p. 19
fresa (f.): strawberry U12, p. 31
frijol (m.): bean U12, p. 31
frío (estar ~): cold (to be ~) U13, p. 32
fruta (f.): fruit U11, p. 29
frutería (f.): fruit shop U11, p. 29
frutero (m.): fruit seller U11, p. 29
fuente (f.): fountain U9, p. 25
fuerte (ser ~): strong (to be ~) U2, p. 10
funcionario (m.): civil servant U5, p. 16
furgoneta (f.): van U20, p. 46
fútbol (m.): soccer U16, p. 38
~ **americano** (m.): football U16, p. 38

g

gafas (f.): goggles U16, p. 39
~ **de sol** (f.): sunglasses U4, p. 15
galleta (f.): cookie U11, p. 29
gallina (f.): hen U23, p. 52
ganar: to win U16, p. 38
gancho (m.): hanger U4, p. 14
garaje (m.): garage U7, p. 21
garbanzo (m.): chickpea U12, p. 31
garganta (f.): throat U6, p. 19
gasoil (m.): diesel (fuel) U20, p. 47
gasolina (f.): gas U20, p. 47
gasolinera (f.): gas station U20, p. 47
gato (m.): jack U20, p. 47; cat U23, p. 52
gel (m.): liquid soap, shower gel U8, p. 23
gemelos (m.): twins U1, p. 8

Glosario Español-Inglés

generoso (ser ~): generous (to be ~) U3, p. 12
gerente (m.): manager U14, p. 34
gimnasio (m.): gym, gymnasium U16, p. 39
girar a la derecha: to turn right U9, p. 24
~ **a la izquierda**: to turn left U9, p. 24
golf (m.): golf U16, p. 38
goma de borrar (f.): eraser U14, p. 35
gordo (ser ~): fat (to be ~) U2, p. 10
gorra (f.): cap U16, p. 39
gorro (m.): swim cap U16, p. 39
gracioso (ser ~): funny (to be ~) U3, p. 12
grande (estar/ser ~): large (to be ~), big (to be ~) U19, p. 44
grapadora (f.): stapler U14, p. 35
Grecia: Greece U24, p. 56
griego: Greek U24, p. 56
grifo (m.): faucet U8, p. 23
gris (ser ~): gray (to be ~) U19, p. 45
grúa (f.): tow truck U20, p. 47
guante de béisbol (m.): baseball glove U16, p. 39
guantera (f.): glove compartment U20, p. 47
guantes (m.): gloves U4, p. 15
guapo (ser ~): good-looking (to be ~) U2, p. 10
guardia de seguridad (m./f.): security guard U22, p. 51
Guatemala: Guatemala U24, p. 56
guatemalteco: Guatemalan U24, p. 56
guía turístico (m./f.): tour guide U21, p. 49
guitarra (f.): guitar U15, p. 37
gustar: to like U3, p. 13

h

haber niebla: to be foggy U17, p. 40
~ **tormenta**: there´s a storm, to be stormy U17, p. 40
habichuela (f.): green bean U12, p. 30
habitación (f.): bedroom U8, p. 22
~ **doble** (f.): double room U21, p. 49
~ **individual** (f.): single room U21, p. 49
hablador (ser ~): talkative (to be ~) U3, p. 13
hablar: to talk U1, p. 9
hacer buceo: to go scuba diving U17, p. 41
~ **calor**: to be hot U17, p. 40
~ **cola**: to wait in line U11, p. 28
~ **ejercicio**: to exercise U16, p. 39
~ **fotocopias**: to photocopy U14, p. 35
~ **frío**: to be cold U17, p. 40
~ **la compra**: to go shopping U11, p. 28
~ **las maletas**: to pack (suitcases, bags) U21, p. 49
~ **senderismo**: to hike, to go hiking U17, p. 41
~ **surf**: to surf U17, p. 41
~ **una reserva**: to make a reservation U21, p. 49
~ **una reservación**: to make a reservation U21, p. 49
~ **viento**: to be windy U17, p. 40
Haití: Haiti U24, p. 56
haitiano: Haitian U24, p. 56
harina (f.): flour U11, p. 29
heladería (f.): ice cream parlor U10, p. 27
helado (m.): ice cream U13, p. 33
herbívoro (ser ~): herbivorous (to be ~), grass-eating (to be ~) U23, p. 52
hermana (f.): sister U1, p. 9
hermano (m.): brother U1, p. 9
higo (m.): fig U12, p. 31
hija (f.): daughter U1, p. 9
hijo (m.): son U1, p. 9
~ **único** (m.): only child U1, p. 8
hindi (m.): Hindi U24, p. 56

hipopótamo (m.): hippopotamus U23, p. 53
hocico (m.): snout, muzzle U23, p. 53
hoja (f.): sheet U14, p. 35
holandés: Dutch U24, p. 56
hombre (m.): man U2, p. 10
hombro (m.): shoulder U6, p. 19
Honduras: Honduras U24, p. 56
hondureño: Honduran U24, p. 56
hora (f.): hour U18, p. 42
horno (m.): oven U8, p. 23
hospital (m.): hospital U6, p. 18
hotel (m.): hotel U21, p. 49
hoy: today U18, p. 43

i

iglesia (f.): church U9, p. 24
impaciente (ser ~): impatient (to be ~) U3, p. 13
impresora (f.): printer U14, p. 34
imprimir: to print U14, p. 34
incendio (m.): fire U22, p. 51
India: India U24, p. 56
indio: Indian U24, p. 56
inflar la llanta: to put air in the tire U20, p. 47
infracción (f.): ticket U20, p. 47
ingeniero (m.): engineer U5, p. 16
inglés (m.): English U24, p. 56
inodoro (m.): toilet bowl, toilet U8, p. 23
inteligente (ser ~): intelligent (to be ~) U3, p. 12
intermitente (m.): turn signal U20, p. 47
intérprete (m.): translator, interpreter U5, p. 16
invierno (m.): winter U17, p. 40
invitar: to treat someone, to pay for someone U15, p. 36
ir al cine: to go to the movies U15, p. 37
~ **al supermercado**: to go shopping U11, p. 28
~ **andando**: to walk U9, p. 25
~ **caminando**: to walk U9, p. 25
~ **de compras**: to go shopping U10, p. 26
~ **en auto**: to go by car U9, p. 25
~ **en canoa**: to go canoeing U17, p. 41
~ **rápido**: to go fast, to speed U20, p. 46
Irlanda: Ireland U24, p. 56
irlandés: Irish U24, p. 56
Italia: Italy U24, p. 56
italiano: Italian U24, p. 56

j

jabón (m.): soap U8, p. 23
jamón (m.): ham U11, p. 29
Japón: Japan U24, p. 56
japonés: Japanese U24, p. 56
jardín (m.): yard U7, p. 21
jardinero (m.): gardener U5, p. 16
jarra (f.): pitcher U13, p. 33
javanés: Javanese U24, p. 56
jeans (m.): jeans U4, p. 15
jefe (m.): boss U14, p. 34
jeringa (f.): syringe U6, p. 18
jeringuilla (f.): syringe U6, p. 18
jirafa (f.): giraffe U23, p. 53
joven (ser ~): young (to be ~) U2, p. 10
joyería (f.): jewelry store U10, p. 27
jubilado (estar ~): retired (to be ~) U5, p. 16
jueves (m.): Thursday U18, p. 43

juez (m.): judge U5, p. 16
jugador (m.): player U16, p. 39
jugar a las cartas: to play cards U15, p. 36
   ~a las escondidas: to play hide-and-go-seek U15, p. 36
   ~al ajedrez: to play chess U15, p. 36
   ~al escondite: to play hide-and-go-seek U15, p. 36
   ~al fútbol: to play soccer U16, p. 39
jugo (m.): juice U11, p. 29
juguetería (f.): toy store U10, p. 27
julio: July U18, p. 42
junio: June U18, p. 42

k

kilo (m.): kilo U11, p. 29
kiwi (m.): kiwi U12, p. 31

l

labios (m.): lips U6, p. 19
laboratorio (m.): laboratory, lab U5, p. 17
(al) lado (estar ~): next to (to be ~) U7, p. 20
ladrar: to bark U23, p. 52
lago (m.): lake U17, p. 41
lámpara (f.): desk lamp, lamp U8, p. 23
lanzar (la pelota): to throw (the ball) U16, p. 39
lápiz (m.): pencil U14, p. 35
laptop (m.): laptop computer U14, p. 35
largo (estar ~): long (to be ~) U4, p. 14
lata (f.): can U11, p. 29
lavabo (m.): sink U8, p. 23
lavadora (f.): washing machine U8, p. 23
lavamanos (m.): sink U8, p. 23
lavandería (f.): laundromat U10, p. 27
lavaplatos (m.): dishwasher U8, p. 23
lavar en la lavadora: to do a load of laundry U8, p. 22
   ~ los platos: to wash the dishes U8, p. 22
lavarse las manos: to wash one's hands U1, p. 9
   ~ los dientes: to brush one's teeth U1, p. 9
leche (f.): milk U11, p. 29
lechuga (f.): lettuce U12, p. 30
leer el periódico: to read the newspaper U1, p. 9
   ~ una novela: to read a novel U15, p. 36
lejos (estar ~): far (to be ~) U7, p. 20
lengua (f.): tongue U6, p. 19
lenteja (f.): lentil U12, p. 31
lentes de sol (m.): sunglasses U4, p. 15
león (m.): lion U23, p. 52
levantarse: to get up U1, p. 9
librería (f.): bookstore U10, p. 27
librero (m.): bookshelf U8, p. 23
licencia de conducir (f.): driver's license U20, p. 47
licenciado (ser ~): to have a degree, college graduate
   (to be ~) U5, p. 16
lima, limón (f.): lime U12, p. 31
limón, lima (m.): lemon U12, p. 31
limpiaparabrisas (m.): windshield wipers U20, p. 47
limpiar la casa: to clean the house U8, p. 22
limpio (estar ~): clean (to be ~) U8, p. 22
lindo (ser ~): nice (to be ~), pretty (to be ~) U4, p. 14
linterna (f.): flashlight U17, p. 41
liso (ser ~): plain (to be ~) U4, p. 14
lista de la compra (f.): shopping list U11, p. 28
   ~ del supermercado (f.): shopping list U11, p. 28
litro (m.): liter U11, p. 29

llamar por teléfono: to talk on the phone U14, p. 34
llanta (f.): tire, wheel U20, p. 47; hubcap U20, p. 47
llave (f.): faucet U8, p. 23
llegadas (f.): arrivals U21, p. 48
llegar tarde: to arrive late U14, p. 34
llenar el tanque: to fill the tank U20, p. 47
lleno (estar ~): full (to be ~) U3, p. 13, U10, p. 27
llevar fleco: to have bangs U2, p. 11
   ~ flequillo: to have bangs U2, p. 11
llorar: to cry U3, p. 13
llover: to rain U17, p. 40
lobo (m.): wolf U23, p. 53
lomo (m.): back (animal) U23, p. 53
loro (m.): parrot U23, p. 53
luna (f.): moon U17, p. 40
(a) lunares (ser ~): polka-dotted (to be ~) U4, p. 14
lunes (m.): Monday U18, p. 43
luz (f.): headlight U20, p. 47

m

madre (f.): mother U1, p. 9
maduro (estar ~): ripe (to be ~) U12, p. 31
maíz (m.): corn U12, p. 30
maleducado (ser ~): rude (to be ~), ill-mannered
   (to be ~) U3, p. 13
maleta (f.): suitcase U21, p. 49
maletero (m.): trunk U20, p. 47
maletín (m.): briefcase U14, p. 35
mamá (f.): mother U1, p. 9
mañana: tomorrow U18, p. 43
(en la/por la) mañana: in the morning U18, p. 43
mandarina (f.): mandarin orange, tangerine U12, p. 31
manguera (f.): hose U22, p. 51
maní (m.): peanut U12, p. 31
mano (f.): hand U6, p. 19
manso (ser ~): tame (to be ~), domesticated U23, p. 52
mantel (m.): tablecloth U13, p. 32
mantequilla (f.): butter U13, p. 33
manzana (f.): block U9, p. 24; apple U12, p. 31
mapa (m.): map U21, p. 48
mar (m.): sea U17, p. 41
marcador (m.): scoreboard U16, p. 39
mariposa (f.): butterfly U23, p. 53
marisco (m.): shellfish U11, p. 29
marroquí: Moroccan U24, p. 56
Marruecos: Morocco U24, p. 56
martes (m.): Tuesday U18, p. 43
marzo: March U18, p. 42
matrícula (f.): license plate U20, p. 47
maullar: to mew U23, p. 52
mayo: May U18, p. 42
mayor (ser ~): older (to be ~), old (to be ~) U2, p. 10
mecánico (m.): mechanic U5, p. 17
(a) medianoche: at midnight U18, p. 43
medias (f.): stockings U4, p. 15
medicamento (f.): medicine U6, p. 18
médico (m.): doctor U6, p. 18
(al) mediodía: at noon U18, p. 43
mejilla (f.): cheek U6, p. 19
mellizos (m.): twins U1, p. 8
melón (m.): melon U12, p. 31
mensajero (m.): messenger, courier U22, p. 50
merendar: to have an afternoon snack U13, p. 32
mermelada (f.): jam U13, p. 33
mes (m.): month U18, p. 42

mesa (f.): table U8, p. 23
mesero (m.): waiter U13, p. 32
mesita de noche (f.): nightstand U8, p. 23
meter un gol: to score a goal U16, p. 39
mexicano: Mexican U24, p. 56
México: Mexico U24, p. 56
microondas (m.): microwave U8, p. 23
miércoles (m.): Wednesday U18, p. 43
mil: a thousand U19, p. 45
(un) millón (m.): a million U19, p. 45
minuto (m.): minute U18, p. 43
mirar un mapa: to look at a map U21, p. 49
mochila (f.): backpack U21, p. 49
moneda (f.): coin U22, p. 50
mono (m.): monkey U23, p. 53
montaña (f.): mountain U17, p. 40
montar a caballo: to ride horses, to go horseback riding U17, p. 41
   ~ en bicicleta: to ride a bike U16, p. 38
mora (f.): blackberry U12, p. 31
mosquito (m.): mosquito U23, p. 53
mostrador (m.): counter U21, p. 49
moto (f.): motorcycle U9, p. 25
motor (m.): engine U20, p. 47
mudarse: to move U7, p. 21
muela (f.): molar U6, p. 19
mugir: to moo U23, p. 52
mujer (f.): woman U2, p. 10
multa (f.): ticket, fine U20, p. 47
muñeca (f.): wrist U6, p. 19
muñeco (m.): doll U15, p. 36
   ~ de nieve (m.): snowman U17, p. 41
museo (m.): museum U15, p. 37
músico (m.): musician U15, p. 37

n

nadar: to swim U16, p. 39
   ~ estilo crol: to swim the crawl U16, p. 39
   ~ estilo espalda: to swim (the) backstroke U16, p. 39
   ~ estilo mariposa: to swim butterfly U16, p. 39
   ~ estilo pecho: to swim (the) breaststroke U16, p. 39
nalgas (f.): bottom, buttocks U6, p. 19
naranja (f.): orange U12, p. 31
nariz (f.): nose U6, p. 19
natación (f.): swimming U16, p. 38
navegar (por Internet, la red): to surf (the Internet, the Web) U14, p. 35
Navidad (f.): Christmas U18, p. 42
negro (ser ~): black (to be ~) U19, p. 45
nervioso (estar ~): nervous (to be ~) U3, p. 12
nevar: to snow U17, p. 40
nevera (f.): refrigerator U8, p. 23
Nicaragua: Nicaragua U24, p. 56
nicaragüense: Nicaraguan U24, p. 56
nieta (f.): granddaughter U1, p. 9
nieto (m.): grandson U1, p. 9
niño (m.): child, boy U2, p. 10
(en la/por la) noche: at night U18, p. 43
nombre (m.): first name U22, p. 51
Norte: North U24, p. 56
Noruega: Norway U24, p. 56
noruego: Norwegian U24, p. 56
noveno: ninth U19, p. 45
noventa: ninety U19, p. 45
novia (f.): girlfriend U1, p. 8

noviembre: November U18, p. 42
novio (m.): boyfriend U1, p. 8
nube (f.): cloud U17, p. 40
nublado (estar ~): cloudy (to be ~), overcast (to be ~) U17, p. 40
nuera (f.): daughter-in-law U1, p. 8
nueve: nine U19, p. 44
nuevo (estar/ser ~): new (to be ~) U19, p. 44
nuez (f.): walnut U12, p. 31

o

obediente (ser ~): obedient (to be ~) U3, p. 12
obra de teatro (f.): play U15, p. 37
Occidente: West U24, p. 56
Oceanía: Oceania U24, p. 56
Océano Atlántico: Atlantic Ocean U24, p. 56
   ~ Índico: Indian Ocean U24, p. 56
   ~ Pacífico: Pacific Ocean U24, p. 56
ochenta: eighty U19, p. 45
ocho: eight U19, p. 44
octavo: eighth U19, p. 45
octubre: October U18, p. 42
odiar: to hate U3, p. 13
Oeste: West U24, p. 56
(de) oferta (estar ~): on sale (to be ~) U10, p. 27
ofertas (f.): sales U10, p. 26
oficina de cambio (f.): exchange bureau U21, p. 49
   ~ de correos (f.): post office U22, p. 50
   ~ de turismo (f.): tourist bureau U21, p. 49
oído (m.): ear U6, p. 19
ojo (m.): eye U6, p. 19
ola (f.): wave U17, p. 41
once: eleven U19, p. 44
óptica (f.): optician U10, p. 27
optimista (ser ~): optimistic (to be ~) U3, p. 12
ordenado (ser ~): neat (to be ~) U3, p. 13
oreja (f.): ear U6, p. 19
orgulloso (estar ~): proud (to be ~) U3, p. 13
Oriente: East U24, p. 56
orilla (f.): shore U17, p. 41
orquesta (f.): orchestra U15, p. 37
oso (m.): bear U23, p. 53
otoño (m.): fall U17, p. 40
oveja (f.): sheep U23, p. 52

p

paciente (m.): patient U6, p. 18
padre (m.): father U1, p. 9
padres (m.): parents U1, p. 9
pagar con tarjeta: to pay with a credit card U11, p. 28
   ~ en efectivo: to pay (in) cash U11, p. 28
país (m.): country U21, p. 48
Países Bajos (Holanda): The Netherlands (Holland) U24, p. 56
pájaro (m.): bird U23, p. 52
pajita (f.): straw U13, p. 33
palacio municipal (m.): city hall U9, p. 24
palo de golf (m.): golf club U16, p. 38
pan (m.): bread U13, p. 33
panadería (f.): bakery U11, p. 29
panadero (m.): baker U11, p. 29
Panamá: Panama U24, p. 56
panameño: Panamanian U24, p. 56

pañoleta (f.): scarf U4, p. 15
pantalla (f.): screen U14, p. 35
pantalón (m.): pants U4, p. 15
   ~corto (m.): shorts U16, p. 38
pantalones (m.): pants U4, p. 15
   ~vaqueros (m.): jeans U4, p. 15
pantuflas (f.): slippers U4, p. 15
pañuelo (m.): scarf U4, p. 15
papa (f.): potato U12, p. 30
papá (m.): father U1, p. 9
papalote (m.): kite U15, p. 37
papel higiénico (m.): toilet paper U8, p. 23
papelería (f.): stationery store U10, p. 27
paquete (m.): package U11, p. 29, U22, p. 50
parabrisas (m.): windshield U20, p. 47
parachoques (m.): bumper U20, p. 47
parada de autobús (f.): bus stop U9, p. 25
   ~de taxis (f.): taxi stand U9, p. 25
paraguas (m.): umbrella U4, p. 14
Paraguay: Paraguay U24, p. 56
paraguayo: Paraguayan U24, p. 56
parecerse a alguien: to look like someone U2, p. 10
pared (f.): wall U7, p. 21
párpado (m.): eyelid U6, p. 19
parque (m.): park U9, p. 24
pasado mañana: the day after tomorrow U18, p. 43
pasajero (m.): passenger U21, p. 48
pasaporte (m.): passport U21, p. 48
pasar: to pass U20, p. 46
   ~la pelota: to pass (the ball) U16, p. 39
pasear: to go for a walk U15, p. 36
pasillo (m.): hallway U7, p. 21
pasta (f.): pasta U11, p. 29
   ~de dientes: toothpaste U8, p. 23
pastel de cumpleaños (m.): birthday cake U1, p. 8
pastelería (f.): bakery U10, p. 27
pasto (f.): grass U17, p. 41
pata (f.): leg U23, p. 53
patinar: to roller-skate U15, p. 36
patineta (f.): skateboard U15, p. 36
patrulla (f.): patrol car U22, p. 51
peaje (m.): toll U20, p. 46
peatón (m.): pedestrian U9, p. 25
pecho (m.): chest U6, p. 19
pedir: to ask for U11, p. 28; to order U13, p. 32
pegamento (m.): glue U14, p. 35
peinarse: to comb one's hair U1, p. 9
peine (m.): comb U8, p. 23
peinilla (f.): comb U8, p. 23
película (f.): film U15, p. 37
pelirrojo (ser ~): red-haired (to be ~), red hair
   (to have) U2, p. 11
pelota (f.): ball U16, p. 39
peluquería (f.): hair salon U10, p. 27
peluquero (m.): hairdresser U10, p. 27
penthouse (m.): penthouse U7, p. 20
pepino (m.): cucumber U12, p. 30
pequeño (estar/ser ~): small (to be ~), little
   (to be ~) U19, p. 44
pera (f.): pear U12, p. 31
percha (f.): hanger U4, p. 14
perchero (m.): coat rack U8, p. 22
perder: to lose U16, p. 38
   ~el avión: to miss the plane U21, p. 48
perejil (m.): parsley U12, p. 30
perfumería (f.): drug store U10, p. 27

periodista (m.): journalist U5, p. 16
perro (m.): dog U23, p. 52
persiana (f.): blind U7, p. 21
persona con discapacidad auditiva: deaf, hearing
   impaired U2, p. 10
   ~con discapacidad física: physically
      challenged U2, p. 10
   ~con discapacidad visual: blind, sight
      impaired U2, p. 10
Perú: Peru U24, p. 56
peruano: Peruvian U24, p. 56
pesar: to weigh U11, p. 28
pesas (f.): weights U16, p. 39
pescadería (f.): fish market U11, p. 29
pescadero (m.): fishmonger U11, p. 29
pescado (m.): fish U11, p. 29
pescar: to fish, to go fishing U17, p. 41
pesimista (ser ~): pessimistic (to be ~) U3, p. 12
pestañas (f.): eyelashes U6, p. 19
pez (m.): fish U23, p. 53
piano (m.): piano U15, p. 37
piar: to chirp, to tweet U23, p. 52
picar: to sting, to bite U23, p. 52
pie (m.): foot U6, p. 19
(de) pie (estar ~): standing (to be ~) U6, p. 19
pierna (f.): leg U6, p. 19
pijama (m./f.): pajamas U4, p. 15
piloto (m.): pilot U21, p. 48
pimienta (f.): pepper U13, p. 33
pimiento (m.): bell pepper U12, p. 30
piña (f.): pineapple U12, p. 31
pinchar una llanta: to get a flat tire U20, p. 47
pingüino (m.): penguin U23, p. 53
piñón (m.): pine nut U12, p. 31
pintar: to paint U15, p. 36
pintor (m.): painter U5, p. 17
piscina (f.): swimming pool U16, p. 39
piso (m.): floor U7, p. 21
pista de aterrizaje (f.): runway U21, p. 48
pistache (m.): pistachio U12, p. 31
pistacho (m.): pistachio U12, p. 31
piyama (m./f.): pajamas U4, p. 15
placa (f.): license plate U20, p. 47
plancha (f.): iron U8, p. 23
planta (f.): plant U10, p. 27
   ~baja (f.): first floor, ground floor U7, p. 20
plátano (m.): banana U12, p. 31
plato fuerte (m.): second course U13, p. 33
   ~hondo (m.): soup dish U13, p. 33
   ~llano (m.): (dinner) plate U13, p. 33
playa (f.): beach U17, p. 40
plaza (f.): square U9, p. 24
plomero (m.): plumber U5, p. 17
podrido (estar ~): rotten (to be ~) U12, p. 31
polaco: Polish U24, p. 56
policía (f.): police officer U22, p. 51
pollo (m.): chicken U11, p. 29
Polonia: Poland U24, p. 56
ponerse: to put on U4, p. 14
   ~bloqueador solar: to put on sunscreen U17, p. 41
portafolios (m.): briefcase U14, p. 35
portería (f.): goal U16, p. 39
portero (m.): goalkeeper U16, p. 39; doorman U7, p. 21
portugués: Portuguese U24, p. 56
postal (f.): postcard U22, p. 50
postre (m.): dessert U13, p. 33

Glosario Español-Inglés

precio (m.): price U10, p. 26
preguntar: to ask U9, p. 25
prender: to turn on U14, p. 35
preocupado (estar ~): worried (to be ~) U3, p. 12
prima (f.): cousin U1, p. 9
primavera (f.): spring U17, p. 40
primer piso (m.): second floor U7, p. 20
 ~ plato (m.): first course U13, p. 33
primero: first U19, p. 45
primo (m.): cousin U1, p. 9
probador (m.): fitting room U4, p. 14
probarse: to try on U4, p. 14
profesor (m.): teacher, professor U5, p. 17
psicólogo (m.): psychologist U5, p. 17
pueblo (m.): town, village U17, p. 41
puente (m.): overpass U20, p. 46
puerro (m.): leek U12, p. 30
puerta (f.): door U7, p. 21
 ~ de embarque (f.): gate U21, p. 48
puesto de periódicos (m.): kiosk U10, p. 27
pulpo (m.): octopus U23, p. 53
pulsera (f.): bracelet U4, p. 15
pupila (f.): pupil U6, p. 19

q

quedar: to arrange to meet, to meet (up with) U15, p. 36
querer: to love U3, p. 13
queso (m.): cheese U11, p. 29
quince: fifteen U19, p. 44
quinto: fifth U19, p. 45
quiosco (m.): newspaper kiosk U10, p. 27
quitarse: to take off U4, p. 14

r

rábano (m.): radish U12, p. 30
radiador (m.): radiator U20, p. 47
radiografía (f.): X-ray U6, p. 18
ramo de rosas (m.): bouquet of roses U10, p. 27
rana (f.): frog U23, p. 52
raqueta (f.): racket U16, p. 39
rascacielos (m.): skyscraper U9, p. 24
ratón (m.): mouse U14, p. 35
(a) rayas (ser ~): striped (to be ~) U4, p. 14
rebajas (f.): sales U10, p. 26
recepción (f.): reception desk U14, p. 34; reception U21, p. 49
recepcionista (f.): receptionist U21, p. 49
receta (f.): prescription U6, p. 18
recibidor (m.): entrance hall U8, p. 22
recibir una carta: to receive a letter U22, p. 50
recibo (m.): receipt U10, p. 26
recoger el equipaje: to pick up the luggage U21, p. 48
red (f.): net U16, p. 39
redondo (ser ~): round (to be ~) U19, p. 44
refrigerador (m.): refrigerator U8, p. 23
regalo (m.): gift U1, p. 8
Reino Unido: United Kingdom U24, p. 56
reír: to laugh U3, p. 13
relinchar: to neigh, to whinny U23, p. 52
reloj (m.): watch U4, p. 15
 ~ de pared (m.): clock U8, p. 23
remitente (m.): sender U22, p. 51
remolacha (f.): beet U12, p. 30

repartir el correo: to deliver the mail, to post U22, p. 50
repollo (m.): cabbage U12, p. 30
República Dominicana: Dominican Republic U24, p. 56
reunión (f.): meeting U14, p. 34
reunirse: to meet U14, p. 34
revisar el equipaje: to check luggage U21, p. 48
rico (estar ~): good (to be ~), delicious (to be ~) U13, p. 32
rin (m.): hubcap U20, p. 47
río (m.): river U17, p. 41
robar: to steal (something), to rob (a person or place) U22, p. 50
rodilla (f.): knee U6, p. 19
rojo (ser ~): red (to be ~) U19, p. 45
rubio (ser ~): blond (to be ~) U2, p. 11
rueda (f.): tire, wheel U20, p. 47
rugir: to roar U23, p. 52
Rusia: Russia U24, p. 56
ruso: Russian U24, p. 56

s

sábado (m.): Saturday U18, p. 43
sábanas (f.): sheets U8, p. 23
sacar dinero: to withdraw money, to take out money U22, p. 51
sacerdote (m.): priest U5, p. 16
saco (m.): jacket U4, p. 15
 ~ de dormir (m.): sleeping bag U17, p. 41
sal (f.): salt U13, p. 33
sala (f.): living room U8, p. 22
 ~ de espera (f.): waiting room U6, p. 18
 ~ de urgencias (f.): emergency room U6, p. 18
salida (f.): exit U10, p. 27; exit U20, p. 46
 ~ de emergencia (f.): emergency exit U10, p. 26
salidas (f.): departures U21, p. 48
salir: to go out, to leave U9, p. 24
salón (m.): living room U8, p. 22
saltar: to jump U16, p. 39
 ~ a la cuerda: to skip rope U15, p. 37
salvadoreño: Salvadorian U24, p. 56
salvaje (ser ~): wild (to be ~) U23, p. 52
salvavidas (m.): lifeguard U17, p. 41
sandalias (f.): sandals U4, p. 15
sandía (f.): watermelon U12, p. 31
sándwich (m.): sandwich U13, p. 33
secador (m.): hair dryer U8, p. 23
secretario (m.): secretary U14, p. 34
seguir derecho: to go straight U9, p. 24
 ~ recto: to go straight U9, p. 24
segundo: second U18, p. 43, U19, p. 45
 ~ piso (m.): third floor U7, p. 20
 ~ plato (m.): second course U13, p. 33
seis: six U19, p. 44
sello (m.): stamp U22, p. 51
semáforo (m.): traffic light U9, p. 25
semana (f.): week U18, p. 42
señal de tráfico (f.): traffic sign U20, p. 46
sentado (estar ~): sitting (to be ~), seated (to be ~) U6, p. 19
septiembre: September U18, p. 42
séptimo: seventh U19, p. 45
serio (ser ~): serious (to be ~) U3, p. 12
serpiente (f.): snake U23, p. 53
servicio de habitaciones (m.): room service U21, p. 49
servilleta (f.): napkin U13, p. 32

sesenta: sixty U19, p. 45
setenta: seventy U19, p. 45
sexto: sixth U19, p. 45
siete: seven U19, p. 44
silla (f.): chair U8, p. 23
sillón (m.): armchair U8, p. 23
simpático (ser ~): friendly (to be ~) U3, p. 12
sobre (m.): envelope U22, p. 51
sobrina (f.): niece U1, p. 8
sobrino (m.): nephew U1, p. 8
sociable (ser ~): sociable (to be ~) U3, p. 12
sofá (m.): sofa, couch U8, p. 23
sol (m.): sun U17, p. 40
soldado (m.): soldier U5, p. 16
soltero (estar/ser ~): single (to be ~) U1, p. 8
sombrero (m.): hat U4, p. 15
sombrilla (f.): beach umbrella U17, p. 41
son las cinco y cuarto: it's quarter after five U18, p. 43
   ~ las cuatro y cinco: it's five after four U18, p. 43
   ~ las diez de la noche: it's ten o'clock
    at night, it's ten p.m. U18, p. 43
   ~ las nueve de la mañana: it's nine o'clock
    in the morning, it's nine a.m. U18, p. 43
   ~ las ocho menos diez: it's ten of eight U18, p. 43
   ~ las seis y media: it's six thirty U18, p. 43
   ~ las siete menos cuarto: it's quarter of seven, it's
    quarter till seven U18, p. 43
sopa (f.): soup U13, p. 33
sopera (f.): soup tureen U13, p. 33
sordo (estar ~): deaf (to be ~), hearing impaired U2, p. 10
sorprendido (estar ~): surprised (to be ~) U3, p. 13
sortija (f.): ring U4, p. 15
sostén (m.): bra U4, p. 15
subibaja (m.): seesaw U15, p. 37
subir al autobús: to get on a bus U9, p. 25
sucio (estar ~): dirty (to be ~) U8, p. 22
sudadera (m.): sweatsuit U16, p. 38
Suecia: Sweden U24, p. 56
sueco: Swedish U24, p. 56
suegra (f.): mother-in-law U1, p. 8
suéter (m.): sweater U4, p. 15
Suiza: Switzerland U24, p. 56
suizo: Swiss U24, p. 56
sujetapapeles (m.): paper clip U14, p. 35
sujetador (m.): bra U4, p. 15
Sur: South U24, p. 56
Suráfrica: South Africa U24, p. 56
surafricano: South African U24, p. 56

t

tablero de anuncios (m.): notice board U14, p. 34
tableta de chocolate (f.): chocolate bar U11, p. 29
talla (f.): size U4, p. 14
taller (m.): workshop U5, p. 17
taquilla (f.): box office U15, p. 37
(en la/por la) tarde: in the afternoon,
  in the evening U18, p. 43
tarjeta de crédito (f.): credit card U22, p. 50
   ~ de débito (f.): debit card U22, p. 50
   ~ de embarque (f.): boarding pass U21, p. 49
   ~ de presentación (f.): business card U14, p. 35
tarta de manzana (f.): apple pie U13, p. 33
taxi (m.): taxi U9, p. 25
taxista (m.): taxi driver U9, p. 25
taza (f.): cup U13, p. 33

té (m.): tea U13, p. 33
teatro (m.): theater U15, p. 37
techo (m.): ceiling, roof U7, p. 21
teclado (m.): keyboard U14, p. 35
técnico en informática (m.): computer technician
  U5, p. 17
tejado (m.): roof U7, p. 21
tejer: to knit U15, p. 36
teléfono (m.): telephone U14, p. 35
telegrama (m.): telegram U22, p. 50
televisor (m.): television U8, p. 23
tender la cama: to make the bed U8, p. 22
tenedor (m.): fork U13, p. 33
tener barba: to have a beard U2, p. 11
   ~ bigote: to have a mustache U2, p. 11
   ~ buena figura: to have a good figure U2, p. 10
   ~ calor: to be hot U3, p. 13
   ~ canas: to have gray hair U2, p. 11
   ~ colitas: to have a ponytail U2, p. 11
   ~ el pelo canoso: to have white hair U2, p. 11
   ~ el pelo corto: to have short hair U2, p. 11
   ~ el pelo largo: to have long hair U2, p. 11
   ~ el pelo liso: to have straight hair U2, p. 11
   ~ el pelo rizado: to have curly hair U2, p. 11
   ~ fiebre: to have a fever U6, p. 18
   ~ frío: to be cold U3, p. 13
   ~ gripa: to have the flu U6, p. 18
   ~ gripe: to have the flu U6, p. 18
   ~ hambre: to be hungry U3, p. 13
   ~ los ojos azules: to have blue eyes U2, p. 11
   ~ los ojos de color café: to have brown
    eyes U2, p. 11
   ~ los ojos grandes: to have big eyes U2, p. 11
   ~ los ojos marrones: to have brown eyes
    U2, p. 11
   ~ los ojos negros: to have black eyes U2, p. 11
   ~ los ojos pequeños: to have small eyes U2, p. 11
   ~ los ojos verdes: to have green eyes U2, p. 11
   ~ miedo: to be afraid U3, p. 13
   ~ ojos claros: to have light-colored eyes U2, p. 11
   ~ ojos oscuros: to have dark eyes U2, p. 11
   ~ pecas: to have freckles U2, p. 11
   ~ pelo castaño: to be brown-haired, to have brown
    hair U2, p. 11
   ~ pelo negro: to be dark-haired U2, p. 11
   ~ pelo rubio: to be blond U2, p. 11
   ~ puesta una gorra: to wear a cap U2, p. 11
   ~ sed: to be thirsty U3, p. 13
   ~ sueño: to be sleepy, to be tired U3, p. 13
   ~ trenzas: to have braids U2, p. 11
   ~ un lunar: to have a mole, to have a beauty
    mark U2, p. 11
   ~ un resfriado: to have a cold, to be
    congested U6, p. 18
   ~ una cita: to have an appointment U14, p. 35
   ~ una empresa: to have a business U5, p. 17
tenis (m.): tennis U16, p. 38
tercer piso (m.): fourth floor U7, p. 20
tercero: third U19, p. 45
termómetro (m.): thermometer U6, p. 18
terraza (f.): terrace U7, p. 21
tetera (f.): teapot U13, p. 33
tía (f.): aunt U1, p. 8
tiburón (m.): shark U23, p. 53
ticket (m.): receipt U10, p. 26
tienda de discos (f.): record store U10, p. 27

~ **de electrodomésticos** (f.): appliance store U10, p. 27

~ **de ropa** (f.): clothing store U10, p. 27

tigre (m.): tiger U23, p. 53

timbre (m.): doorbell U7, p. 21; stamp U22, p. 51

tímido (ser ~): shy (to be ~) U3, p. 12

tina (f.): bathtub U8, p. 23

tintorería (f.): drycleaners U10, p. 27

tío (m.): uncle U1, p. 8

tirar al bote de basura: to throw in the trash can U9, p. 25

tirarse de cabeza: to dive U16, p. 39

toalla (f.): towel U8, p. 23

tobillo (m.): ankle U6, p. 19

tobogán (m.): slide U15, p. 37

tocar un instrumento: to play an instrument U15, p. 37

tomar algo: to have a drink U15, p. 36

~ **el sol**: to sunbathe U17, p. 41

~ **el tren**: to take the train U9, p. 25

~ **fotografías**: to take photos U15, p. 36

tomate (m.): tomato U12, p. 30

tortuga (f.): turtle U23, p. 53

toser: to cough U6, p. 18

trabajador (ser ~): hardworking (to be ~) U3, p. 12

trabajar: to work U14, p. 34

~ **en una fábrica**: to work in a factory U5, p. 17

tractor (m.): tractor U17, p. 41

traer el menú: to bring the menu U13, p. 32

~ **la carta**: to bring the menu U13, p. 32

~ **la cuenta**: to bring the check U13, p. 32

traje (m.): suit U4, p. 15

~ **de baño** (m.): swimsuit U4, p. 15

trampolín (m.): diving board U16, p. 39

tranquilo (estar ~): calm (to be ~) U3, p. 12

trasero (m.): bottom, buttocks U6, p. 19

travieso (ser ~): mischievous (to be ~) U3, p. 12

trece: thirteen U19, p. 44

treinta: thirty U19, p. 45

tren (m.): train U9, p. 25

tres: three U19, p. 44

triciclo (m.): tricycle U15, p. 36

triste (estar ~): sad (to be ~) U3, p. 12

trituradora de papel (f.): shredder U14, p. 35

trompeta (f.): trumpet U15, p. 37

túnel (m.): tunnel U20, p. 46

turco: Turkish U24, p. 56

turista (m./f.): tourist U21, p. 49

Turquía: Turkey U24, p. 56

u

universidad (f.): university U5, p. 17

uno: one U19, p. 44

urdu: Urdu U24, p. 56

Uruguay: Uruguay U24, p. 56

uruguayo: Uruguayan U24, p. 56

usar gafas: to wear glasses U2, p. 11

~ **lentes**: to wear glasses U2, p. 11

uva (f.): grape U12, p. 31

v

vaca (f.): cow U23, p. 52

vacío (estar ~): empty (to be ~) U10, p. 27

vago (ser ~): lazy (to be ~) U3, p. 12

valle (m.): valley U17, p. 41

vaqueros (m.): jeans U4, p. 15

vaso (m.): glass U13, p. 33

vecino (m.): neighbor U7, p. 21

veinte: twenty U19, p. 45

vela (f.): candle U1, p. 8

vendedor (m.): sales representative U5, p. 16; clerk U10, p. 26

vender: to sell U7, p. 21

venenoso (ser ~): poisonous (to be ~) U23, p. 52

venezolano: Venezuelan U24, p. 56

Venezuela: Venezuela U24, p. 56

ventana (f.): window U7, p. 21

ventanilla (f.): window U21, p. 49, U22, p. 51

ver la televisión: to watch TV U1, p. 9

verano (m.): summer U17, p. 40

verde (estar): unripe (to be ~), green (to be ~) U12, p. 31

~ **(ser ~)**: green (to be ~) U19, p. 45

verdura (f.): vegetables U11, p. 29

vestido (m.): dress U4, p. 15

vestirse: to get dressed U1, p. 9

veterinario (m.): veterinarian, vet U5, p. 17

viejito (m.): elderly person, old man U2, p. 10

viejo (estar/ser ~): old (to be ~), older (to be ~) U19, p. 44

viernes (m.): Friday U18, p. 43

vietnamita: Vietnamese U24, p. 56

vinagre (m.): vinegar U13, p. 33

violín (m.): violin U15, p. 37

visitar una exposición: to see an exhibition U15, p. 37

vitrina (f.): glass cabinet U8, p. 23

viudo (estar/ser ~): widowed (to be ~) U1, p. 8

volante (m.): steering wheel U20, p. 47

volar: to fly U21, p. 48

vomitar: to throw up, to vomit U6, p. 18

vuelo (m.): flight U21, p. 49

y

yerno (m.): son-in-law U1, p. 8

yogur (m.): yogurt U11, p. 29

z

zanahoria (f.): carrot U12, p. 30

zapatería (f.): shoe store U10, p. 27

zapatillas de tenis (f.): sneakers, tennis shoes U16, p. 38

zapatos (m.): shoes U4, p. 15

~ **de tacón** (m.): high-heeled shoes U4, p. 15

zumo (m.): juice U11, p. 29

Glosario Inglés-Español

above (to be ~): arriba (estar ~) U7, p. 20
absentminded (to be ~): despistado (ser ~) U3, p. 13
accelerate: acelerar U20, p. 46
accident: choque U20, p. 47
actor: actor U5, p. 16
actress: actriz U5, p. 16
address: dirección U22, p. 51
addressee: destinatario U22, p. 51
adolescent: adolescente U2, p. 10
adult: adulto U2, p. 10
affectionate (to be ~): cariñoso (ser ~) U3, p. 13
afraid (to be ~): tener miedo U3, p. 13
Africa: África U24, p. 56
(in the) afternoon: en la tarde, por la tarde U18, p. 43
air conditioning: aire acondicionado U7, p. 21
airline: compañía aérea U21, p. 49
airplane: avión U21, p. 49
airport: aeropuerto U21, p. 48
alarm: alarma U22, p. 51
   ~ clock: despertador U8, p. 23
almond: almendra U12, p. 31
ambulance: ambulancia U6, p. 18
American: estadounidense U24, p. 56
angry (to be ~): enojado (estar ~) U3, p. 13
ankle: tobillo U6, p. 19
answer: contestar U9, p. 25
Antarctica: Antártida U24, p. 56
antenna: antena U7, p. 21
apartment: apartamento U7, p. 20
   ~ building: edificio de apartamentos U9, p. 24
applaud: aplaudir U15, p. 36
apple: manzana U12, p. 31
   ~ pie: tarta de manzana U13, p. 33
appliance store: tienda de electrodomésticos U10, p. 27
April: abril U18, p. 42
Arabic: árabe U24, p. 56
architect: arquitecto U5, p. 17
architect's studio: estudio de arquitectura U5, p. 17
Argentina: Argentina U24, p. 56
Argentinian: argentino U24, p. 56
arm: brazo U6, p. 19
armchair: sillón U8, p. 23
arrange to meet: quedar U15, p. 36
arrest: detener U22, p. 51
arrivals: llegadas U21, p. 48
arrive late: llegar tarde U14, p. 34
artichoke: alcachofa U12, p. 30
Asia: Asia U24, p. 56
ask: preguntar U9, p. 25
   ~ for: pedir U11, p. 28
asparagus: espárrago U12, p. 30
"at" symbol: arroba U14, p. 35
Atlantic Ocean: Océano Atlántico U24, p. 56
August: agosto U18, p. 42
aunt: tía U1, p. 8
Australia: Australia U24, p. 56
Australian: australiano U24, p. 56
Austria: Austria U24, p. 56
Austrian: austriaco U24, p. 56
automated teller machine (ATM): cajero automático U22, p. 50
avenue: avenida U9, p. 24

avocado: aguacate U12, p. 31

baby: bebé U2, p. 10
back: espalda U6, p. 19; lomo U23, p. 53
backpack: mochila U21, p. 49
bag: bolsa U10, p. 26
baggage: equipaje U21, p. 49
baker: panadero U11, p. 29
bakery: pastelería U10, p. 27; panadería U11, p. 29
bald (to be ~): calvo (estar ~) U2, p. 11
ball: pelota U16, p. 39
banana: plátano U12, p. 31
bank: banco U22, p. 50
bark: ladrar U23, p. 52
baseball: béisbol U16, p. 38
   ~ glove: guante de béisbol U16, p. 39
basket: canasta U16, p. 39
basketball: basquetbol, básquetbol U16, p. 38
bat: bate U16, p. 39
bathroom: (cuarto de) baño U8, p. 22
bathtub: bañera, tina U8, p. 23
battery: batería U20, p. 47
beach: playa U17, p. 40
   ~ umbrella: sombrilla U17, p. 41
bean: frijol U12, p. 31
bear: oso U23, p. 53
bed: cama U8, p. 23
bedroom: habitación U8, p. 22
bee: abeja U23, p. 53
beef: carne de res U11, p. 29
beet: remolacha U12, p. 30
behind (to be ~): atrás (estar ~), detrás (estar ~) U7, p. 20
Belgian: belga U24, p. 56
Belgium: Bélgica U24, p. 56
bell pepper: pimiento U12, p. 30
below (to be ~): abajo (estar ~) U7, p. 20
belt: cinturón U4, p. 14
bench: banco U9, p. 25
Bengali: bengalí U24, p. 56
between (to be ~): entre (estar ~) U7, p. 20
bicycle: bicicleta U16, p. 38
big (to be ~): grande (estar/ser ~) U19, p. 44
bikini: bikini U4, p. 15
bill: billete U22, p. 50
bird: pájaro U23, p. 52
birthday cake: pastel de cumpleaños U1, p. 8
   ~ party: fiesta de cumpleaños U1, p. 8
bite: picar U23, p. 52
black (to be ~): negro (ser ~) U19, p. 45
blackberry: mora U12, p. 31
bleat: balar U23, p. 52
blind: ciego (estar ~), persona con discapacidad visual U2, p. 10; persiana U7, p. 21
block: cuadra, manzana U9, p. 24
blond (to be ~): tener pelo rubio, rubio (ser ~) U2, p. 11
blouse: blusa U4, p. 15
blue (to be ~): azul (ser ~) U19, p. 45
blueberry: arándano U12, p. 31
board: embarcar U21, p. 48
boarding pass: tarjeta de embarque U21, p. 49
Bolivia: Bolivia U24, p. 56
Bolivian: boliviano U24, p. 56
bookshelf: estantería, librero U8, p. 23

bookstore: librería U10, p. 27
boots: botas U4, p. 15
bored (to be ~): aburrido (estar ~) U3, p. 13
boss: jefe U14, p. 34
bottle: botella U11, p. 29
bottom: nalgas, trasero U6, p. 19
bouquet of roses: ramo de rosas U10, p. 27
bowl: bol U13, p. 33
box: caja U11, p. 29
   ~office: boletería, taquilla U15, p. 37
boy: niño U2, p. 10
boyfriend: novio U1, p. 8
bra: sostén, sujetador U4, p. 15
bracelet: pulsera U4, p. 15
brake: frenar U20, p. 46
Brazil: Brasil U24, p. 56
Brazilian: brasileño U24, p. 56
bread: pan U13, p. 33
break down: averiarse, descomponerse U20, p. 47
bricklayer: albañil U5, p. 17
briefcase: portafolios, maletín U14, p. 35
bring the check: traer la cuenta U13, p. 32
   ~the menu: traer la carta, traer el menú U13, p. 32
British: británico U24, p. 56
broccoli: brócoli U12, p. 30
brother: hermano U1, p. 9
brother-in-law: cuñado U1, p. 8
brown (to be ~): café (ser ~) U19, p. 45
brown-haired (to be ~): tener pelo castaño U2, p. 11
brush one's teeth: lavarse los dientes U1, p. 9
building: edificio U7, p. 20
   ~apartment building: edificio de apartamentos U9, p. 24
bumper: defensas, parachoques U20, p. 47
bus: autobús U9, p. 25
   ~driver: chofer U5, p. 16
   ~stop: parada de autobús U9, p. 25
business card: tarjeta de presentación U14, p. 35
   ~man: empresario U5, p. 17
butcher: carnicero U11, p. 29
   ~shop: carnicería U11, p. 29
butter: mantequilla U13, p. 33
butterfly: mariposa U23, p. 53
buttocks: nalgas, trasero U6, p. 19
button (up): abrocharse U4, p. 14
buy: comprar U10, p. 26

C

cabbage: col, repollo U12, p. 30
café: cafetería U15, p. 36
calculator: calculadora U14, p. 35
calendar: agenda U14, p. 35; calendario U18, p. 42
calm (to be ~): tranquilo (estar ~) U3, p. 12
camera: cámara fotográfica, cámara de fotos U15, p. 36
camp: acampar U17, p. 41
can: lata U11, p. 29
Canada: Canadá U24, p. 56
Canadian: canadiense U24, p. 56
candle: vela U1, p. 8
canned goods: conservas U11, p. 28
canteen: cantimplora U17, p. 41
cap: gorra U16, p. 39
capital (city): capital U21, p. 48
car: auto U9, p. 25
carnivorous (to be ~): carnívoro (ser ~) U23, p. 52

carousel: carrusel U15, p. 37
carpenter: carpintero U5, p. 17
carrot: zanahoria U12, p. 30
cart: carrito U21, p. 49
carton: envase de cartón U11, p. 29
cashier: cajero U11, p. 28
(in a) cast (to be ~): enyesado (estar ~) U6, p. 18
cat: gato U23, p. 52
cauliflower: coliflor U12, p. 30
ceiling: techo U7, p. 21
celery: apio U12, p. 30
cell phone: celular (teléfono) U14, p. 35
(in the) center (to be ~): (en el) centro (estar ~) U7, p. 20
cereal: cereales U13, p. 33
certified mail: correo certificado U22, p. 50
chair: silla U8, p. 23
cheap (to be ~): barato (ser ~) U11, p. 28
check: cheque U22, p. 51
   ~a map: consultar un mapa U21, p. 49
   ~in luggage: facturar el equipaje U21, p. 49
   ~luggage: revisar el equipaje U21, p. 48
checkout: caja U11, p. 28
cheek: cachete, mejilla U6, p. 19
cheese: queso U11, p. 29
chef: cocinero U13, p. 32
cherry: cereza U12, p. 31
chest: pecho U6, p. 19
chicken: pollo U11, p. 29
chickpea: garbanzo U12, p. 31
child: niño U2, p. 10
Chile: Chile U24, p. 56
Chilean: chileno U24, p. 56
chimney: chimenea U7, p. 21
China: China U24, p. 56
Chinese: chino U24, p. 56
chirp: piar U23, p. 52
chocolate bar: barra de chocolate, tableta de chocolate U11, p. 29
Christmas: Navidad U18, p. 42
church: iglesia U9, p. 24
city hall: palacio municipal U9, p. 24
civil servant: funcionario U5, p. 16
clap: aplaudir U15, p. 36
clean (to be ~): limpio (estar ~) U8, p. 22
   ~the house: limpiar la casa U8, p. 22
cleaning lady: empleada doméstica U5, p. 17
   ~products: artículos de limpieza U11, p. 28
clerk: vendedor U10, p. 26
climb: escalar U17, p. 41
clock: reloj de pared U8, p. 23
closed (to be ~): cerrado (estar ~) U7, p. 21
closet: armario U8, p. 23
clothing store: tienda de ropa U10, p. 27
cloud: nube U17, p. 40
cloudy (to be ~): nublado (estar ~) U17, p. 40
cluck: cacarear U23, p. 52
coach: entrenador U16, p. 39
coat: abrigo U4, p. 15
   ~rack: perchero U8, p. 22
coffee: café U13, p. 33
coffee pot: cafetera U13, p. 33
coffee with milk: café con leche U13, p. 33
coin: moneda U22, p. 50
cold (to be ~): tener frío U3, p. 13; estar frío U13, p. 32; hacer frío U17, p. 40
   ~cuts: embutidos, fiambres U11, p. 29

college graduate (to be ~): licenciado (ser ~) U5, p. 16
Colombia: Colombia U24, p. 56
Colombian: colombiano U24, p. 56
comb: peine, peinilla U8, p. 23
~ one's hair: peinarse U1, p. 9
come in: entrar U9, p. 24
comforter: edredón U8, p. 23
company: empresa U14, p. 34
computer technician: técnico en informática U5, p. 17
concert: concierto U15, p. 37
conductor: director U15, p. 37
congested (to be ~): tener un resfriado U6, p. 18
convertible: convertible, descapotable U20, p. 46
cook: cocinar U13, p. 32; cocinero U13, p. 32
cookie: galleta U11, p. 29
corn: maíz U12, p. 30
corner: esquina U9, p. 24
cost: costar U11, p. 28
Costa Rica: Costa Rica U24, p. 56
Costa Rican: costarricense U24, p. 56
couch: sofá U8, p. 23
cough: toser U6, p. 18
counter: mostrador U21, p. 49
country: país U21, p. 48
countryside: campo U17, p. 40
courier: mensajero U22, p. 50
cousin: prima, primo U1, p. 9
cow: vaca U23, p. 52
coworker: compañero U14, p. 34
CPU: CPU U14, p. 35
crash: chocar, choque U20, p. 47
credit card: tarjeta de crédito U22, p. 50
croak: croar U23, p. 52
crocodile: cocodrilo U23, p. 53
cross: cruzar la calle U9, p. 25
crosswalk: cruce peatonal U9, p. 25
crow: cacarear U23, p. 52
cry: llorar U3, p. 13
Cuba: Cuba U24, p. 56
Cuban: cubano U24, p. 56
cucumber: pepino U12, p. 30
cup: taza U13, p. 33
curriculum vitae: currículum U14, p. 35
curtains: cortinas U8, p. 23
curve: curva U20, p. 46
customer: cliente U10, p. 26
Customs: aduana U21, p. 48
cut: cortar U11, p. 28
cycling: ciclismo U16, p. 38

December: diciembre U18, p. 42
delicious (to be ~): delicioso (estar ~), rico
  (estar ~) U13, p. 32
deliver a telegram: entregar un telegrama U22, p. 50
~ the mail: repartir el correo U22, p. 50
Denmark: Dinamarca U24, p. 56
dentist: dentista U6, p. 18
departures: salidas U21, p. 48
deposit money: depositar dinero U22, p. 51
desk: escritorio U8, p. 23
~ lamp: lámpara U8, p. 23
desktop computer: computadora U14, p. 35
dessert: postre U13, p. 33
destination: destino U21, p. 49
diesel: diésel (fuel) U20, p. 47
diesel (fuel): gasoil U20, p. 47
dining room: comedor U8, p. 22
directory: directorio U10, p. 26
dirty (to be ~): sucio (estar ~) U8, p. 22
disgust: dar asco U3, p. 13
dishwasher: lavaplatos U8, p. 23
dive: clavado, tirarse de cabeza U16, p. 39
diving board: trampolín U16, p. 39
divorced (to be ~): divorciado (estar/ser ~) U1, p. 8
do a load of laundry: lavar en la lavadora U8, p. 22
doctor: médico U6, p. 18
dog: perro U23, p. 52
doll: muñeco U15, p. 36
dolphin: delfín U23, p. 53
domestic worker: empleada doméstica U5, p. 17
domesticated: manso (ser ~) U23, p. 52
Dominican: dominicano U24, p. 56
~ Republic: República Dominicana U24, p. 56
door: puerta U7, p. 21
doorbell: timbre U7, p. 21
doorman: portero U7, p. 21
double bed: cama matrimonial U8, p. 23
~ room: habitación doble U21, p. 49
downtown: centro (de la ciudad) U9, p. 24
dozen eggs: docena de huevos U11, p. 29
dress: vestido U4, p. 15
drink: beber U13, p. 32
drinks: bebidas U11, p. 28
drive: conducir U20, p. 46
driver's license: licencia de conducir U20, p. 47
drug store: perfumería U10, p. 27
drycleaners: tintorería U10, p. 27
Dutch: holandés U24, p. 56
DVD (player): (reproductor de) DVD U8, p. 23

d

dance: bailar U15, p. 36
dancer: bailarín U15, p. 36
Danish: danés U24, p. 56
dark skin (to have ~): bronceado (estar ~) U2, p. 11
dark-haired (to be ~): tener pelo negro U2, p. 11
date: dátil U12, p. 31; fecha U18, p. 42
daughter: hija U1, p. 9
daughter-in-law: nuera U1, p. 8
day: día U18, p. 42
(the) day after tomorrow: pasado mañana U18, p. 43
(the) day before yesterday: antes de ayer U18, p. 43
deaf (to be ~): persona con discapacidad auditiva, sordo
  (estar ~) U2, p. 10
debit card: tarjeta de débito U22, p. 50

e

eagle: águila U23, p. 53
ear: oído, oreja U6, p. 19
earrings: aretes U4, p. 15
East: Este, Oriente U24, p. 56
eat: comer U13, p. 32
Ecuador: Ecuador U24, p. 56
Ecuadorian: ecuatoriano U24, p. 56
eggplant: berenjena U12, p. 30
Egypt: Egipto U24, p. 56
Egyptian: egipcio U24, p. 56
eight: ocho U19, p. 44
eighteen: dieciocho U19, p. 45
eighth: octavo U19, p. 45
eighty: ochenta U19, p. 45

El Salvador: El Salvador U24, p. 56
elbow: codo U6, p. 19
elderly person: anciano, viejito U2, p. 10
electric stove: estufa, cocina U8, p. 23
electrician: electricista U5, p. 17
elephant: elefante U23, p. 53
elevator: ascensor, elevador U7, p. 21
eleven: once U19, p. 44
email: escribir un correo electrónico U14, p. 35
embarrassed (to be ~): dar vergüenza U3, p. 13
emergency exit: salida de emergencia U10, p. 26
    ~room: sala de urgencias U6, p. 18
employee: empleado U14, p. 34
empty (to be ~): vacío (estar ~) U10, p. 27
engine: motor U20, p. 47
engineer: ingeniero U5, p. 16
English: inglés U24, p. 56
entrance: entrada U10, p. 27
    ~hall: recibidor U8, p. 22
envelope: sobre U22, p. 51
envious (to be ~): envidioso (ser ~) U3, p. 13
eraser: goma de borrar U14, p. 35
escalator: escaleras eléctricas, escaleras
    mecánicas U10, p. 26
Europe: Europa U24, p. 56
(in the) evening: en la tarde, por la tarde U18, p. 43
exchange: cambiar U10, p. 26
    ~bureau: oficina de cambio U21, p. 49
    ~money: cambiar dinero U21, p. 49
executive: ejecutivo U5, p. 17
exercise: hacer ejercicio U16, p. 39
exhibition: exposición U15, p. 37
exit: salida U10, p. 27, U20, p. 46
expensive (to be ~): caro (ser ~) U11, p. 28
eye: ojo U6, p. 19
eyebrows: cejas U6, p. 19
eyelashes: pestañas U6, p. 19
eyelid: párpado U6, p. 19

f

factory: fábrica U5, p. 17
fall: otoño U17, p. 40
far (to be ~): lejos (estar ~) U7, p. 20
farmer: agricultor U5, p. 16
fasten: abrocharse U4, p. 14
fat (to be ~): gordo (ser ~) U2, p. 10
father: padre, papá U1, p. 9
faucet: llave, grifo U8, p. 23
fax: fax U14, p. 34
February: febrero U18, p. 42
field: cancha, campo de fútbol U16, p. 39
fifteen: quince U19, p. 44
fifth: quinto U19, p. 45
fifty: cincuenta U19, p. 45
fig: higo U12, p. 31
file: archivar U14, p. 35
fill the tank: llenar el tanque U20, p. 47
film: película U15, p. 37
fire: incendio U22, p. 51
fire truck: camión de bomberos U22, p. 51
fireman: bombero U22, p. 51
first: primero U19, p. 45
    ~course: entrada, primer plato U13, p. 33
    ~floor: planta baja U7, p. 20
    ~name: nombre U22, p. 51

fish: pescado U11, p. 29; pescar U17, p. 41;
    pez U23, p. 53
    ~market: pescadería U11, p. 29
fishing rod: caña de pescar U17, p. 41
fishmonger: pescadero U11, p. 29
fitting room: probador U4, p. 14
five: cinco U19, p. 44
flashlight: linterna U17, p. 41
flight: vuelo U21, p. 49
    ~attendant: auxiliar de vuelo, azafata U21, p. 48
float ring: flotador U17, p. 41
floor: piso U7, p. 21
florist: florería, floristería U10, p. 27
flour: harina U11, p. 29
flower: flor U10, p. 27
fly: volar U21, p. 48
foggy (to be ~): haber niebla U17, p. 40
folder: carpeta U14, p. 35
foot: pie U6, p. 19
football: fútbol americano U16, p. 38
forehead: frente U6, p. 19
forest: bosque U17, p. 40
fork: tenedor U13, p. 33
forty: cuarenta U19, p. 45
fountain: fuente U9, p. 25
four: cuatro U19, p. 44
fourteen: catorce U19, p. 44
fourth: cuarto U19, p. 45
fourth floor: tercer piso U7, p. 20
France: Francia U24, p. 56
freeway: autopista U20, p. 46
French: francés U24, p. 56
Friday: viernes U18, p. 43
friend: amigo U1, p. 8
friendly (to be ~): simpático (ser ~) U3, p. 12
frog: rana U23, p. 52
(in) front of (to be ~): enfrente, delante (estar ~) U7, p. 20
frozen foods: congelados U11, p. 28
fruit: fruta U11, p. 29
    ~seller: frutero U11, p. 29
    ~shop: frutería U11, p. 29
full (to be ~): lleno (estar ~) U3, p.13, U10, p. 27
funny (to be ~): gracioso (ser ~) U3, p. 12

g

garage: garaje U7, p. 21
garbage can: bote de basura, contenedor
    de basura U7, p. 21
garbanzo: garbanzo U12, p. 31
gardener: jardinero U5, p. 16
garlic: ajo U12, p. 30
gas: gasolina U20, p. 47
    ~station: gasolinera U20, p. 47
gate: puerta de embarque U21, p. 48
generous (to be ~): generoso (ser ~) U3, p. 12
German: alemán U24, p. 56
Germany: Alemania U24, p. 56
get a flat tire: pinchar una llanta U20, p. 47
    ~bored: aburrirse U15, p. 36
    ~dark: atardecer U18, p. 43
    ~dressed: vestirse U1, p. 9
    ~light: amanecer U18, p. 43
    ~off a bus: bajar del autobús U9, p. 25
    ~on a bus: subir al autobús U9, p. 25
    ~up: levantarse U1, p. 9

gift: regalo U1, p. 8
giraffe: jirafa U23, p. 53
girlfriend: novia U1, p. 8
glass: vaso U13, p. 33
  ~cabinet: vitrina U8, p. 23
gloves: guantes U4, p. 15
glove compartment: guantera U20, p. 47
glue: pegamento U14, p. 35
go by car: ir en auto U9, p. 25
  ~camping: acampar U17, p. 41
  ~canoeing: ir en canoa U17, p. 41
  ~fast: ir rápido U20, p. 46
  ~fishing: pescar U17, p. 41
  ~for a walk: pasear U15, p. 36
  ~hiking: hacer senderismo U17, p. 41
  ~horseback riding: montar a caballo U17, p. 41
  ~in: entrar U9, p. 24
  ~out: salir U9, p. 24
  ~scuba diving: hacer buceo, bucear U17, p. 41
  ~shopping: ir de compras U10, p. 26; hacer la compra, ir al supermercado U11, p. 28
  ~skiing: esquiar U17, p. 41
  ~straight: seguir derecho, seguir recto U9, p. 24
  ~to bed: acostarse U1, p. 9
  ~to the movies: ir al cine U15, p. 37
goal: arco, portería U16, p. 39
goalkeeper: arquero, portero U16, p. 39
goggles: gafas U16, p. 39
golf: golf U16, p. 38
  ~club: palo de golf U16, p. 38
good (to be ~): rico (estar ~), delicioso (estar ~) U13, p. 32
good-looking (to be ~): guapo (ser ~) U2, p. 10
granddaughter: nieta U1, p. 9
grandfather: abuelo U1, p. 9
grandmother: abuela U1, p. 9
grandparents: abuelos U1, p. 9
grandson: nieto U1, p. 9
grape: uva U12, p. 31
grass: pasto U17, p. 41
grass-eating (to be ~): herbívoro (ser ~) U23, p. 52
gray (to be ~): gris (ser ~) U19, p. 45
Greece: Grecia U24, p. 56
Greek: griego U24, p. 56
green (to be ~): verde (estar/ser ~) U12, p. 31, U19, p. 45
  ~bean: habichuela U12, p. 30
gross out: dar asco U3, p. 13
ground floor: planta baja U7, p. 20
Guatemala: Guatemala U24, p. 56
Guatemalan: guatemalteco U24, p. 56
guitar: guitarra U15, p. 37
gym: gimnasio U16, p. 39
gymnasium: gimnasio U16, p. 39

h

hair dryer: secador U8, p. 23
  ~salon: peluquería U10, p. 27
hairdresser: peluquero U10, p. 27
Haiti: Haití U24, p. 56
Haitian: haitiano U24, p. 56
hallway: pasillo U7, p. 21
ham: jamón U11, p. 29
hand: mano U6, p. 19
hanger: gancho, percha U4, p. 14
happy (to be ~): contento (estar ~), alegre (ser ~) U3, p. 12

hardworking (to be ~): trabajador (ser ~) U3, p. 12
hat: sombrero U4, p. 15
hate: odiar U3, p. 13
have a beard: tener barba U2, p. 11
  ~a beauty mark: tener un lunar U2, p. 11
  ~a business: tener una empresa U5, p. 17
  ~a cold: tener un resfriado U6, p. 18
  ~a degree: licenciado (ser ~) U5, p. 16
  ~a drink: tomar algo U15, p. 36
  ~a fever: tener fiebre U6, p. 18
  ~a good figure: tener buena figura U2, p. 10
  ~a headache: doler la cabeza U6, p. 18
  ~a mole: tener un lunar U2, p. 11
  ~a mustache: tener bigote U2, p. 11
  ~a ponytail: tener colitas U2, p. 11
  ~an afternoon snack: merendar U13, p. 32
  ~an appointment: tener una cita U14, p. 35
  ~bangs: llevar fleco, llevar flequillo U2, p. 11
  ~big eyes: tener los ojos grandes U2, p. 11
  ~black eyes: tener los ojos negros U2, p. 11
  ~blue eyes: tener los ojos azules U2, p. 11
  ~braids: tener trenzas U2, p. 11
  ~breakfast: desayunar U13, p. 32
  ~brown eyes: tener los ojos de color café, tener los ojos marrones U2, p. 11
  ~brown hair: tener pelo castaño U2, p. 11
  ~curly hair: tener el pelo rizado U2, p. 11
  ~dark eyes: tener ojos oscuros U2, p. 11
  ~dinner: cenar U13, p. 32
  ~freckles: tener pecas U2, p. 11
  ~fun: divertirse U15, p. 36
  ~gray hair: tener canas U2, p. 11
  ~green eyes: tener los ojos verdes U2, p. 11
  ~light-colored eyes: tener ojos claros U2, p. 11
  ~long hair: tener el pelo largo U2, p. 11
  ~lunch: almorzar U13, p. 32
  ~red hair: pelirrojo (ser ~) U2, p. 11
  ~short hair: tener el pelo corto U2, p. 11
  ~small eyes: tener los ojos pequeños U2, p. 11
  ~straight hair: tener el pelo liso U2, p. 11
  ~supper: cenar U13, p. 32
  ~the flu: tener gripa, tener gripe U6, p. 18
  ~white hair: tener el pelo canoso U2, p. 11
hazelnut: avellana U12, p. 31
head: cabeza U6, p. 19
headlight: luz U20, p. 47
hearing impaired: persona con discapacidad auditiva, sordo (estar ~) U2, p. 10
heating: calefacción U7, p. 21
helmet: casco U16, p. 38
help: ayudar U22, p. 51
hen: gallina U23, p. 52
herbivorous (to be ~): herbívoro (ser ~) U23, p. 52
here (to be ~): acá (estar ~), aquí (estar ~) U7, p. 20
high-heeled shoes: zapatos de tacón U4, p. 15
highway: carretera U20, p. 46
hike: hacer senderismo U17, p. 41
Hindi: hindi U24, p. 56
hippopotamus: hipopótamo U23, p. 53
hire someone: contratar a alguien U14, p. 35
holiday: día feriado U18, p. 42
Honduran: hondureño U24, p. 56
Honduras: Honduras U24, p. 56
hood: capó U20, p. 47
horn: claxon, bocina U20, p. 47
horse: caballo U23, p. 52

hose: manguera U22, p. 51
hospital: hospital U6, p. 18
hot (to be ~): tener calor U3, p. 13; estar caliente U13, p. 32; hacer calor U17, p. 40
hotel: hotel U21, p. 49
hour: hora U18, p. 42
house: casa U7, p. 20
housewife: ama de casa U5, p. 17
hubcap: rin, llanta U20, p. 47
(a) hundred: cien U19, p. 45
hungry (to be ~): tener hambre U3, p. 13
husband: esposo U1, p. 8

i

ice cream: helado U13, p. 33
   ~cream parlor: heladería U10, p. 27
ill-mannered (to be ~): maleducado (ser ~) U3, p. 13
impatient (to be ~): impaciente (ser ~) U3, p. 13
index finger: dedo índice U6, p. 19
India: India U24, p. 56
Indian: indio U24, p. 56
Indian Ocean: Océano Índico U24, p. 56
inside (to be ~): adentro (estar ~) U7, p. 20
intelligent (to be ~): inteligente (ser ~) U3, p. 12
interpreter: intérprete U5, p. 16
interview: entrevista U14, p. 35
Ireland: Irlanda U24, p. 56
Irish: irlandés U24, p. 56
iron: plancha U8, p. 23
it´s exactly one o´clock: es la una en punto U18, p. 43
   ~five after four: son las cuatro y cinco U18, p. 43
   ~nine a.m.: son las nueve de la mañana U18, p. 43
   ~nine o´clock in the morning: son las nueve de la mañana U18, p. 43
   ~quarter after five: son las cinco y cuarto U18, p. 43
   ~quarter till seven: falta un cuarto para las siete, son las siete menos cuarto U18, p. 43
   ~six thirty: son las seis y media U18, p. 43
   ~ten o´clock at night: son las diez de la noche U18, p. 43
   ~ten of eight: faltan diez para las ocho, son las ocho menos diez U18, p. 43
   ~ten p.m.: son las diez de la noche U18, p. 43
Italian: italiano U24, p. 56
Italy: Italia U24, p. 56

j

jack: gato U20, p. 47
jacket: saco, chaqueta U4, p. 15
jam: mermelada U13, p. 33
January: enero U18, p. 42
Japan: Japón U24, p. 56
Japanese: japonés U24, p. 56
Javanese: javanés U24, p. 56
jealous (to be ~): envidioso (ser ~) U3, p. 13
jeans: *jeans*, (pantalones) vaqueros U4, p. 15
jewelry store: joyería U10, p. 27
journalist: periodista U5, p. 16
judge: juez U5, p. 16
juice: jugo, zumo U11, p. 29
July: julio U18, p. 42
jump: saltar U16, p. 39
June: junio U18, p. 42

k

keyboard: teclado U14, p. 35
kilo: kilo U11, p. 29
kind (to be ~): amable (ser ~) U3, p. 12
kiosk: puesto de periódicos U10, p. 27
kiss: besar U3, p. 13
kitchen: cocina U8, p. 22
kite: papalote, cometa U15, p. 37
kiwi: kiwi U12, p. 31
knee: rodilla U6, p. 19
knife: cuchillo U13, p. 33
knit: tejer U15, p. 36
Korean: coreano U24, p. 56

l

lab: laboratorio U5, p. 17
laboratory: laboratorio U5, p. 17
lake: lago U17, p. 41
lamp: lámpara U8, p. 23
land: aterrizar U21, p. 48
lane: carril U20, p. 46
laptop computer: *laptop*, computadora portátil U14, p. 35
large (to be ~): grande (estar/ser ~) U19, p. 44
last name: apellido U22, p. 51
laugh: reír U3, p. 13
laundromat: lavandería U10, p. 27
law firm: bufete U5, p. 17
lawyer: abogado U5, p. 16
lazy (to be ~): flojo (ser ~), vago (ser ~) U3, p. 12
leave: salir U9, p. 24
   ~a message: dejar un recado U14, p. 34
   ~a tip: dejar una propina U13, p. 32
leek: puerro U12, p. 30
leg: pierna U6, p. 19; pata U23, p. 53
lemon: limón U12, p. 31
lentil: lenteja U12, p. 31
letter: carta U22, p. 51
lettuce: lechuga U12, p. 30
library: biblioteca U9, p. 24
license plate: placa, matrícula U20, p. 47
life vest: chaleco salvavidas U17, p. 41
lifeguard: salvavidas U17, p. 41
like: gustar U3, p. 13
lime: lima U12, p. 31
lion: león U23, p. 52
lips: labios U6, p. 19
liquid soap: gel U8, p. 23
listen music: escuchar música U15, p. 37
liter: litro U11, p. 29
little (to be ~): pequeño (estar/ser ~) U19, p. 44
   ~finger: dedo meñique U6, p. 19
living room: sala, salón U8, p. 22
loaf of bread: barra de pan U11, p. 29
long (to be ~): largo (estar ~) U4, p. 14
look at a map: mirar un mapa U21, p. 49
   ~like someone: parecerse a alguien U2, p. 10
loose (to be ~): ancho (estar ~) U4, p. 14
lose: perder U16, p. 38
love: querer U3, p. 13
(in) love (to be ~): enamorado (estar ~) U3, p. 13
luggage: equipaje U21, p. 49
lying down (to be ~): acostado (estar ~) U6, p. 19

mailbox: buzón U9, p. 25
mailman: cartero U22, p. 50
make a reservation: hacer una reserva, hacer una reservación U21, p. 49
  ~ photocopies: fotocopiar, hacer fotocopias U14, p. 35
  ~ the bed: tender la cama U8, p. 22
man: hombre U2, p. 10
manager: gerente, director U14, p. 34
mandarin orange: mandarina U12, p. 31
map: mapa U21, p. 48
March: marzo U18, p. 42
married (to be ~): casado (estar/ser ~) U1, p. 8
May: mayo U18, p. 42
mayor: alcalde U5, p. 16
meat: carne U11, p. 29
meat-eating: carnívoro (ser ~) U23, p. 52
mechanic: mecánico U5, p. 17
medicine: medicamento U6, p. 18
meet: reunirse U14, p. 34
meet (up with): quedar U15, p. 36
meeting: reunión U14, p. 34
melon: melón U12, p. 31
merry-go-round: carrusel U15, p. 37
messenger: mensajero U22, p. 50
messy (to be ~): desordenado (ser ~) U3, p. 13
mew: maullar U23, p. 52
Mexican: mexicano U24, p. 56
Mexico: México U24, p. 56
microwave: microondas U8, p. 23
(in the) middle (to be~): (en el) centro (estar ~) U7, p. 20
middle finger: dedo corazón U6, p. 19
(at) midnight: (a) medianoche U18, p. 43
milk: leche U11, p. 29
(at) million: (un) millón U19, p. 45
minute: minuto U18, p. 43
mirror: espejo U8, p. 22
mischievous (to be ~): travieso (ser ~) U3, p. 12
miss: echar de menos, extrañar U3, p. 13
  ~ the plane: perder el avión U21, p. 48
molar: muela U6, p. 19
Monday: lunes U18, p. 43
money: dinero U22, p. 50
monkey: mono U23, p. 53
month: mes U18, p. 42
moo: mugir U23, p. 52
moon: luna U17, p. 40
(in the) morning: en la mañana, por la mañana U18, p. 43
Moroccan: marroquí U24, p. 56
Morocco: Marruecos U24, p. 56
mosquito: mosquito U23, p. 53
mother: madre, mamá U1, p. 9
mother-in-law: suegra U1, p. 8
motorcycle: moto U9, p. 25
mountain: montaña U17, p. 40
mouse: ratón U14, p. 35
mouth: boca U6, p. 19
move: mudarse U7, p. 21
movie theater: cine U15, p. 37
museum: museo U15, p. 37
musician: músico U15, p. 37

muzzle: hocico U23, p. 53

napkin: servilleta U13, p. 32
near (to be ~): cerca (estar ~) U7, p. 20
neat (to be ~): ordenado (ser ~) U3, p. 13
neck: cuello U6, p. 19
necklace: collar U4, p. 15
neigh: relinchar U23, p. 52
neighbor: vecino U7, p. 21
neighborhood: barrio U9, p. 24
nephew: sobrino U1, p. 8
nervous (to be ~): nervioso (estar ~) U3, p. 12
net: red U16, p. 39
(the) Netherlands (Holland): Países Bajos (Holanda) U24, p. 56
new (to be ~): nuevo (estar/ser ~) U19, p. 44
New Year´s Day: Año Nuevo U18, p. 42
newspaper kiosk: quiosco U10, p. 27
next to (to be ~): (al) lado (estar ~) U7, p. 20
Nicaragua: Nicaragua U24, p. 56
Nicaraguan: nicaragüense U24, p. 56
nice (to be ~): amable (ser ~) U3, p. 12; lindo (ser ~), bonito (ser ~) U4, p. 14
niece: sobrina U1, p. 8
(at) night: en la noche, por la noche U18, p. 43
nightstand: mesita de noche U8, p. 23
nine: nueve U19, p. 44
nineteen: diecinueve U19, p. 45
ninety: noventa U19, p. 45
ninth: noveno U19, p. 45
(at) noon: (al) mediodía U18, p. 43
North: Norte U24, p. 56
  ~ America: América del Norte U24, p. 56
Norway: Noruega U24, p. 56
Norwegian: noruego U24, p. 56
nose: nariz U6, p. 19
notebook: cuaderno U14, p. 35
notice board: tablero de anuncios U14, p. 34
November: noviembre U18, p. 42
nurse: enfermero U6, p. 18

obedient (to be ~): obediente (ser ~) U3, p. 12
Oceania: Oceanía U24, p. 56
October: octubre U18, p. 42
octopus: pulpo U23, p. 53
office: despacho U8, p. 22, U14, p. 34
oil: aceite U13, p. 33
old (to be ~): mayor (ser ~) U2, p. 10; viejo (estar/ser ~) U19, p. 44
  ~ man: anciano, viejito U2, p. 10
older (to be ~): mayor (ser ~) U2, p. 10; viejo (estar/ser ~) U19, p. 44
one: uno U19, p. 44
onion: cebolla U12, p. 30
only child: hijo único U1, p. 8
open (to be ~): abierto (estar ~) U7, p. 21
  ~ a letter: abrir una carta U22, p. 50
optician: óptica U10, p. 27
optimistic (to be ~): optimista (ser ~) U3, p. 12
orange: naranja U12, p. 31
  ~ (to be ~): anaranjado (ser ~) U19, p. 45

orchestra: orquesta U15, p. 37
order: pedir U13, p. 32
outside (to be ~): afuera (estar ~) U7, p. 20
outskirts: afueras U9, p. 24
oven: horno U8, p. 23
overcast (to be ~): nublado (estar ~) U17, p. 40
overpass: puente U20, p. 46
over there (to be ~): allá (estar ~)

p

Pacific Ocean: Océano Pacífico U24, p. 56
pack (suitcases, bags): hacer las maletas U21, p. 49
package: paquete U11, p. 29, U22, p. 50
paint: pintar U15, p. 36
painter: pintor U5, p. 17
painting: cuadro U15, p. 37
pajamas: piyama, pijama U4, p. 15
Panama: Panamá U24, p. 56
Panamanian: panameño U24, p. 56
panties: calzones, bragas U4, p. 15
pants: pantalón, pantalones U4, p. 15
paper clip: sujetapapeles, clip U14, p. 35
Paraguay: Paraguay U24, p. 56
Paraguayan: paraguayo U24, p. 56
parents: padres U1, p. 9
park: parque U9, p. 24; estacionarse U20, p. 46
parking lot: estacionamiento U9, p. 25
parrot: loro U23, p. 53
parsley: perejil U12, p. 30
pass: adelantar, pasar U20, p. 46
  ~ (the ball): pasar la pelota U16, p. 39
passbook: cartilla U22, p. 51
passenger: pasajero U21, p. 48
passport: pasaporte U21, p. 48
pasta: pasta U11, p. 29
patient: paciente U6, p. 18
patrol car: patrulla U22, p. 51
pay (in) cash: pagar en efectivo U11, p. 28
  ~ for someone: invitar U15, p. 36
  ~ with a credit card: pagar con tarjeta U11, p. 28
pea: arveja U12, p. 30
peach: durazno U12, p. 31
peanut: cacahuate, maní U12, p. 31
pear: pera U12, p. 31
pedestrian: peatón U9, p. 25
pen: bolígrafo U14, p. 35
pencil: lápiz U14, p. 35
penguin: pingüino U23, p. 53
penthouse: *penthouse* U7, p. 20
pepper: pimienta U13, p. 33
Peru: Perú U24, p. 56
Peruvian: peruano U24, p. 56
pessimistic (to be ~): pesimista (ser ~) U3, p. 12
pharmacist: farmacéutico U10, p. 27
pharmacy: farmacia U10, p. 27
photocopier: fotocopiadora U14, p. 35
photocopy: fotocopiar, hacer fotocopias U14, p. 35
photographer: fotógrafo U5, p. 16
physically challenged: persona con discapacidad física U2, p. 10
piano: piano U15, p. 37
pick up the luggage: recoger el equipaje U21, p. 48
pig: cerdo U23, p. 52
pillow: almohada U8, p. 23
pilot: piloto U21, p. 48

pine nut: piñón U12, p. 31
pineapple: piña U12, p. 31
pistachio: pistache, pistacho U12, p. 31
pitcher: jarra U13, p. 33
plain (to be ~): liso (ser ~) U4, p. 14
plant: planta U10, p. 27
plate (dinner): plato llano U13, p. 33
platform: andén U9, p. 25
play: obra de teatro U15, p. 37
  ~ an instrument: tocar un instrumento U15, p. 37
  ~ cards: jugar a las cartas U15, p. 36
  ~ chess: jugar al ajedrez U15, p. 36
  ~ hide-and-go-seek: jugar a las escondidas, jugar al escondite U15, p. 36
  ~ soccer: jugar al fútbol U16, p. 39
player: jugador U16, p. 39
plumber: plomero U5, p. 17
poisonous (to be ~): venenoso (ser ~) U23, p. 52
Poland: Polonia U24, p. 56
police officer: policía U22, p. 51
  ~ station: comisaría U22, p. 51
Polish: polaco U24, p. 56
polite (to be ~): educado (ser ~) U3, p. 13
polka-dotted (to be ~): (a) lunares (ser ~) U4, p. 14
pork: cerdo U11, p. 29
Portuguese: portugués U24, p. 56
post: repartir el correo U22, p. 50
  ~ office: oficina de correos U22, p. 50
postcard: postal U22, p. 50
potato: papa U12, p. 30
pregnant (to be ~): embarazada (estar ~) U2, p. 10
prescription: receta U6, p. 18
pretty (to be ~): lindo (ser ~), bonito (ser ~) U4, p. 14
price: precio U10, p. 26
priest: sacerdote U5, p. 16
print: imprimir U14, p. 34
printer: impresora U14, p. 34
priority mail: correo urgente U22, p. 50
professor: profesor U5, p. 17
proud (to be ~): orgulloso (estar ~) U3, p. 13
psychologist: psicólogo U5, p. 17
psychologist's office: consultorio, consulta del psicólogo U5, p. 17
pumpkin: calabaza U12, p. 30
pupil: pupila U6, p. 19
purse: bolsa, bolso U4, p. 15
push: empujar U20, p. 47
  ~ air in the tire: inflar la llanta U20, p. 47
  ~ on sunscreen: ponerse bloqueador solar U17, p. 41
  ~ on: ponerse U4, p. 14
  ~ out a fire: apagar un incendio U22, p. 51

r

rabbit: conejo U23, p. 53
racket: raqueta U16, p. 39
radiator: radiador U20, p. 47
radish: rábano U12, p. 30
rain: llover U17, p. 40
raspberry: frambuesa U12, p. 31
read a novel: leer una novela U15, p. 36
  ~ the newspaper: leer el periódico U1, p. 9
receipt: recibo, ticket U10, p. 26
receive a letter: recibir una carta U22, p. 50
reception: recepción U21, p. 49
  ~ desk: recepción U14, p. 34

receptionist: recepcionista U21, p. 49
record store: tienda de discos U10, p. 27
red (to be ~): rojo (ser ~) U19, p. 45
referee: árbitro U16, p. 39
refrigerator: nevera, refrigerador U8, p. 23
rent: alquilar U7, p. 21
rest: descansar U16, p. 38
résumé: currículum U14, p. 35
retired (to be ~): jubilado (estar ~) U5, p. 16
return: devolver U10, p. 26
rice: arroz U11, p. 29
ride a bike: montar en bicicleta U16, p. 38
    ~horses: montar a caballo U17, p. 41
ring: sortija, anillo U4, p. 15
    ~finger: dedo anular U6, p. 19
ripe (to be ~): maduro (estar ~) U12, p. 31
river: río U17, p. 41
roar: rugir U23, p. 52
rob (a person or place): robar U22, p. 50
roller-skate: patinar U15, p. 36
roof: techo, tejado U7, p. 21
room service: servicio de habitaciones U21, p. 49
rotten (to be ~): podrido (estar ~) U12, p. 31
round (to be ~): redondo (ser ~) U19, p. 44
rucksack: mochila U21, p. 49
rude (to be ~): maleducado (ser ~) U3, p. 13
rug: alfombra U8, p. 23
run: correr U16, p. 38
runway: pista de aterrizaje U21, p. 48
Russia: Rusia U24, p. 56
Russian: ruso U24, p. 56

S

sad (to be ~): triste (estar ~) U3, p. 12
sailboat: barco de vela U17, p. 41
salad: ensalada U13, p. 33
(on) sale (to be ~): (de) oferta (estar ~) U10, p. 27
sales: ofertas, rebajas U10, p. 26
    ~representative: vendedor U5, p. 16
salt: sal U13, p. 33
Salvadorian: salvadoreño U24, p. 56
sand: arena U17, p. 41
sandals: sandalias U4, p. 15
sandwich: sándwich U13, p. 33
Saturday: sábado U18, p. 43
say good-bye: despedirse U21, p. 48
scarf: bufanda U4, p. 15; pañoleta, pañuelo U4, p. 15
scenery: escenografía, decorado U15, p. 37
school: escuela U9, p. 24
scientist: científico U5, p. 17
score a goal: meter un gol U16, p. 39
scoreboard: marcador U16, p. 39
Scotch tape®: cinta adhesiva U14, p. 35
screen: pantalla U14, p. 35
sculpture: escultura U15, p. 37
sea: mar U17, p. 41
seal: foca U23, p. 53
    ~a letter: cerrar una carta U22, p. 50
seat: butaca U15, p. 37; asiento U20, p. 47
    ~belt: cinturón de seguridad U20, p. 47
seated (to be ~): sentado (estar ~) U6, p. 19
second: segundo U18, p. 43, U19, p. 45
    ~course: plato fuerte, segundo plato U13, p. 33
    ~floor: primer piso U7, p. 20
secretary: secretario U14, p. 34

security guard: guardia de seguridad U22, p. 51
see an exhibition: visitar una exposición U15, p. 37
seesaw: subibaja, balancín U15, p. 37
selfish (to be ~): egoísta (ser ~) U3, p. 12
sell: vender U7, p. 21
send a fax: enviar un fax U14, p. 34
    ~a package: enviar un paquete U22, p. 50
sender: remitente U22, p. 51
September: septiembre U18, p. 42
serious (to be ~): serio (ser ~) U3, p. 12
service station: área de servicio U20, p. 46
seven: siete U19, p. 44
seventeen: diecisiete U19, p. 45
seventh: séptimo U19, p. 45
seventy: setenta U19, p. 45
sewer: alcantarilla U9, p. 25
shampoo: champú U8, p. 23
shark: tiburón U23, p. 53
shave: afeitarse U1, p. 9
sheep: oveja U23, p. 52
sheet: hoja U14, p. 35
sheets: sábanas U8, p. 23
shellfish: marisco U11, p. 29
shirt: camisa U4, p. 15
shoes: zapatos U4, p. 15
shoe store: zapatería U10, p. 27
shopping cart: carro U11, p. 28
    ~center: centro comercial U10, p. 26
    ~list: lista del supermercado, lista
        de la compra U11, p. 28
    ~mall: centro comercial U10, p. 26
shore: orilla U17, p. 41
short (to be ~): bajo (ser ~) U2, p. 10; corto (estar ~)
    U4, p. 14
shorts: pantalón corto U16, p. 38
shoulder: hombro U6, p. 19; acotamiento,
    arcén U20, p. 46
shower: ducha U8, p. 23
    ~gel: gel U8, p. 23
shredder: trituradora de papel U14, p. 35
shy (to be ~): tímido (ser ~) U3, p. 12
sick (to be ~): enfermo (estar ~) U6, p. 18
sidewalk: acera U9, p. 24
sight impaired: persona con discapacidad visual,
    ciego (estar ~) U2, p. 10
sign: firmar U14, p. 34
sing: cantar U15, p. 37
singer: cantante U15, p. 37
single (to be ~): soltero (estar/ser ~) U1, p. 8
    ~room: habitación individual U21, p. 49
sink: fregadero U8, p. 23; lavamanos,
    lavabo U8, p. 23
sister: hermana U1, p. 9
sitting (to be ~): sentado (estar ~) U6, p. 19
six: seis U19, p. 44
sixteen: dieciséis U19, p. 45
sixth: sexto U19, p. 45
sixty: sesenta U19, p. 45
size: talla U4, p. 14
skateboard: patineta U15, p. 36
ski: esquiar U17, p. 41
skip: saltar a la cuerda U15, p. 37
skirt: falda U4, p. 15
sky: cielo U17, p. 40
skyscraper: rascacielos U9, p. 24
sleep: dormir U1, p. 9

sleeping bag: saco de dormir U17, p. 41
sleepy (to be ~): tener sueño U3, p. 13
slide: tobogán U15, p. 37
slippers: pantuflas U4, p. 15
small (to be ~): pequeño (estar/ser ~) U19, p. 44
snail: caracol U23, p. 53
snake: serpiente U23, p. 53
sneakers: zapatillas de tenis U16, p. 38
sneeze: estornudar U6, p. 18
snout: hocico U23, p. 53
snow: nevar U17, p. 40
snowman: muñeco de nieve U17, p. 41
soap: jabón U8, p. 23
soccer: fútbol U16, p. 38
sociable (to be ~): sociable (ser ~) U3, p. 12
socket: enchufe U8, p. 22
socks: calcetines U4, p. 15
sofa: sofá U8, p. 23
soldier: soldado U5, p. 16
son: hijo U1, p. 9
son-in-law: yerno U1, p. 8
soup: sopa U13, p. 33
   ~bowl: plato hondo U13, p. 33
   ~tureen: sopera U13, p. 33
South: Sur U24, p. 56
   ~Africa: Suráfrica U24, p. 56
   ~African: surafricano U24, p. 56
   ~America: América del Sur U24, p. 56
Spain: España U24, p. 56
Spanish: español U24, p. 56
speed: ir rápido U20, p. 46
spinach: espinaca U12, p. 30
sponge: esponja U8, p. 23
spoon: cuchara U13, p. 33
spring: primavera U17, p. 40
square: plaza U9, p. 24
   ~(to be ~): cuadrado (ser ~) U19, p. 44
stable: establo U17, p. 41
stage: escenario U15, p. 37
stairway: escalera U7, p. 21
stamp: timbre, sello U22, p. 51
stand in a line: hacer cola U11, p. 28
standing (to be ~): (de) pie (estar ~) U6, p. 19
stapler: engrapadora, grapadora U14, p. 35
star: estrella U17, p. 40
starfish: estrella de mar U23, p. 53
start (up): arrancar U20, p. 46
statement: estado de cuenta, extracto U22, p. 51
stationery store: papelería U10, p. 27
steak with potatoes: bistec con papas U13, p. 33
steal (something): robar U22, p. 50
steering wheel: volante U20, p. 47
stick shift: caja de velocidades, caja de cambios U20, p. 47
sting: picar U23, p. 52
stockings: medias U4, p. 15
stomach: estómago U6, p. 19
stop: frenar U20, p. 46
stormy (to be ~): haber tormenta U17, p. 40
straw: pajita U13, p. 33
strawberry: fresa U12, p. 31
street: calle U9, p. 24
   ~cleaner: barrendero U5, p. 16
streetlight: farol, farola U9, p. 25
striped (to be ~): (a) rayas (ser ~) U4, p. 14
strong (to be ~): fuerte (ser ~) U2, p. 10

student: estudiante U5, p. 17
studio apartment: estudio U7, p. 20
study: estudiar U5, p. 17
subway station: estación de metro U9, p. 25
sugar bowl: azucarera, azucarero U13, p. 33
suit: traje U4, p. 15
suitcase: maleta U21, p. 49
summer: verano U17, p. 40
sun: sol U17, p. 40
sunbathe: tomar el sol U17, p. 41
Sunday: domingo U18, p. 43
sunglasses: lentes de sol, gafas de sol U4, p. 15
surf: hacer surf U17, p. 41
   ~(the Internet, the Web): navegar (por Internet, la red) U14, p. 35
surgeon: cirujano U6, p. 18
surprised (to be ~): sorprendido (estar ~) U3, p. 13
sweater: suéter U4, p. 15
sweatsuit: sudadera U16, p. 38
Sweden: Suecia U24, p. 56
Swedish: sueco U24, p. 56
swim: nadar U16, p. 39
   ~(the) backstroke: nadar estilo espalda U16, p. 39
   ~(the) breaststroke: nadar estilo pecho U16, p. 39
   ~butterfly: nadar estilo mariposa U16, p. 39
   ~cap: gorro U16, p. 39
   ~the crawl: nadar estilo crol U16, p. 39
swimming: natación U16, p. 38
   ~pool: piscina U16, p. 39
swimsuit: traje de baño U4, p. 15
swing: columpio U15, p. 37
Swiss: suizo U24, p. 56
   ~chard: acelga U12, p. 30
Switzerland: Suiza U24, p. 56
syringe: jeringa, jeringuilla U6, p. 18

t

table: mesa U8, p. 23
tablecloth: mantel U13, p. 32
tag: etiqueta U10, p. 26
tail: cola U21, p. 49, U23, p. 53
talk: hablar U1, p. 9
take a bath: bañarse U1, p. 9
   ~a shower: ducharse U1, p. 9
   ~off: quitarse U4, p. 14; despegar U21, p. 48
   ~on: contratar a alguien U14, p. 35
   ~out money: sacar dinero U22, p. 51
   ~photos: tomar fotografías U15, p. 36
   ~the train: tomar el tren U9, p. 25
talk on the phone: llamar por teléfono U14, p. 34
talkative (to be ~): hablador (ser ~) U3, p. 13
tall (to be ~): alto (ser ~) U2, p. 10
tame (to be ~): manso (ser ~) U23, p. 52
tan (to be ~): bronceado (estar ~) U2, p. 11
tangerine: mandarina U12, p. 31
tape: cinta adhesiva U14, p. 35
taxi: taxi U9, p. 25
   ~driver: taxista U9, p. 25
   ~stand: parada de taxis U9, p. 25
tea: té U13, p. 33
teacher: profesor U5, p. 17
team: equipo U16, p. 39
teapot: tetera U13, p. 33
teaspoon: cucharita U13, p. 33

teenager: adolescente U2, p. 10
telegram: telegrama U22, p. 50
telephone: teléfono U14, p. 35
  ~ booth: cabina telefónica U9, p. 25
television: televisor U8, p. 23
ten: diez U19, p. 44
tennis: tenis U16, p. 38
  ~ court: cancha de tenis U16, p. 39
  ~ shoes: zapatillas de tenis U16, p. 38
tent: carpa U17, p. 41
tenth: décimo U19, p. 45
terrace: terraza U7, p. 21
theater: teatro U15, p. 37
there (to be ~): allí (estar ~) U7, p. 20
there's a storm: haber tormenta U17, p. 40
thermometer: termómetro U6, p. 18
thin (to be ~): delgado (ser ~) U2, p. 10
third: tercero U19, p. 45
  ~ floor: segundo piso U7, p. 20
thirsty (to be ~): tener sed U3, p. 13
thirteen: trece U19, p. 44
thirty: treinta U19, p. 45
(a) thousand: mil U19, p. 45
three: tres U19, p. 44
throat: garganta U6, p. 19
throw (the ball): lanzar (la pelota) U16, p. 39
  ~ in the trash can: tirar al bote de basura U9, p. 25
  ~ up: devolver, vomitar U6, p. 18
thumb: dedo pulgar U6, p. 19
Thursday: jueves U18, p. 43
ticket: boleto U15, p. 37; infracción, multa U20, p. 47;
  ~ plane ticket: boleto de avión U21, p. 48
tie: corbata U4, p. 14; empatar U16, p. 38
tiger: tigre U23, p. 53
tight (to be ~): estrecho (estar ~) U4, p. 14
tire: llanta, rueda U20, p. 47
tired (to be ~): cansado (estar ~) U3, p. 13; tener
  sueño U3, p. 13
today: hoy U18, p. 43
toilet: inodoro U8, p. 23
  ~ bowl: inodoro U8, p. 23
  ~ paper: papel higiénico U8, p. 23
toll: peaje U20, p. 46
tomato: tomate U12, p. 30
tomorrow: mañana U18, p. 43
tongue: lengua U6, p. 19
tooth: diente U6, p. 19
toothbrush: cepillo de dientes U8, p. 23
toothpaste: pasta de dientes U8, p. 23
(on) top of (to be ~): encima (estar ~), arriba (estar ~)
  U7, p. 20
tour guide: guía turístico U21, p. 49
tourist: turista U21, p. 49
  ~ bureau: oficina de turismo U21, p. 49
tow truck: grúa U20, p. 47
towel: toalla U8, p. 23
town: pueblo U17, p. 41
toy store: juguetería U10, p. 27
track and field: atletismo U16, p. 38
tractor: tractor U17, p. 41
traffic jam: embotellamiento, atasco U20, p. 47
  ~ light: semáforo U9, p. 25
  ~ sign: señal de tráfico U20, p. 46
train: tren U9, p. 25
  ~ station: estación de tren U9, p. 25
translator: intérprete U5, p. 16

trash can: bote de basura U9, p. 25
travel agency: agencia de viajes U10, p. 27
tray: bandeja U13, p. 32
treat someone: invitar U15, p. 36
tree: árbol U17, p. 41
tricycle: triciclo U15, p. 36
truck: camión U20, p. 46
  ~ driver: camionero U5, p. 16
trumpet: trompeta U15, p. 37
trunk: cajuela, maletero U20, p. 47
try on: probarse U4, p. 14
T-shirt: camiseta U16, p. 38
Tuesday: martes U18, p. 43
tunnel: túnel U20, p. 46
Turkey: Turquía U24, p. 56
Turkish: turco U24, p. 56
turn left: dar vuelta a la izquierda, girar
  a la izquierda U9, p. 24
  ~ off: apagar U14, p. 34
  ~ on: prender, encender U14, p. 35
  ~ right: dar vuelta a la derecha, girar
  a la derecha U9, p. 24
  ~ signal: direccional, intermitente U20, p. 47
turtle: tortuga U23, p. 53
tweet: piar U23, p. 52
twelve: doce U19, p. 44
twenty: veinte U19, p. 45
twins: gemelos, mellizos U1, p. 8
two: dos U19, p. 44

u

ugly (to be ~): feo (ser ~) U4, p. 14
umbrella: paraguas U4, p. 14
unbutton: desabrocharse U4, p. 14
uncle: tío U1, p. 8
under (to be ~): debajo (estar ~) U7, p. 20
underpants: calzoncillos U4, p. 15
unemployed (to be ~): desempleado (estar ~)
  U5, p. 16
unfasten: desabrocharse U4, p. 14
unfriendly (to be ~): antipático (ser ~) U3, p. 12
United Kingdom: Reino Unido U24, p. 56
(the) United States of America: (los) Estados Unidos
  U24, p. 56
university: universidad U5, p. 17
unpack (suitcases, bags): deshacer las maletas
  U21, p. 49
unripe (to be ~): verde (estar/ser ~) U12, p. 31
Urdu: urdu U24, p. 56
Uruguay: Uruguay U24, p. 56
Uruguayan: uruguayo U24, p. 56

v

valley: valle U17, p. 41
van: camioneta, furgoneta U20, p. 46
vegetables: verdura U11, p. 29
Venezuela: Venezuela U24, p. 56
Venezuelan: venezolano U24, p. 56
vet: veterinario U5, p. 17
veterinarian: veterinario U5, p. 17
veterinary clinic: clínica veterinaria U5, p. 17
Vietnamese: vietnamita U24, p. 56
village: pueblo U17, p. 41

vinegar: vinagre U13, p. 33
violin: violín U15, p. 37
vomit: vomitar U6, p. 18

W

wait: esperar U21, p. 48
waiter: mesero, camarero U13, p. 32
waiting room: sala de espera U6, p. 18
walk: ir andando, ir caminando U9, p. 25
wall: pared U7, p. 21
wallet: billetera U22, p. 50
walnut: nuez U12, p. 31
wash the dishes: lavar los platos U8, p. 22
  ~your hands: lavarse las manos U1, p. 9
washing machine: lavadora U8, p. 23
watch: reloj U4, p. 15
  ~TV: ver la televisión U1, p. 9
water: agua U13, p. 33
waterfall: cascada U17, p. 41
watermelon: sandía U12, p. 31
wave: ola U17, p. 41
wear a cap: tener puesta una gorra U2, p. 11
  ~glasses: usar lentes, usar gafas U2, p. 11
wedding: boda U1, p. 8
Wednesday: miércoles U18, p. 43
week: semana U18, p. 42
weekend: fin de semana U18, p. 43
weigh: pesar U11, p. 28
weights: pesas U16, p. 39
well-mannered (to be ~): educado (ser ~) U3, p. 13
West: Occidente, Oeste U24, p. 56
whale: ballena U23, p. 53
wheel: llanta, rueda U20, p. 47
whinny: relinchar U23, p. 52
white (to be ~): blanco (ser ~) U19, p. 45
widowed (to be ~): viudo (estar/ser ~) U1, p. 8
wife: esposa U1, p. 8
wild (to be ~): salvaje (ser ~) U23, p. 52
win: ganar U16, p. 38
window: ventana U7, p. 21; ventanilla U21, p. 49, U22, p. 51
  ~display: escaparate U10, p. 26
windshield: parabrisas U20, p. 47
  ~wipers: limpiaparabrisas U20, p. 47
windy (to be ~): hacer viento U17, p. 40
wine glass: copa U13, p. 33
wing: ala U21, p. 49
winter: invierno U17, p. 40
withdraw money: sacar dinero U22, p. 51
wolf: lobo U23, p. 53
woman: mujer U2, p. 10
work: trabajar U14, p. 34
  ~in a factory: trabajar en una fábrica U5, p. 17
workshop: taller U5, p. 17
worried (to be ~): preocupado (estar ~) U3, p. 12
wrist: muñeca U6, p. 19
writer: escritor U5, p. 17

X

X-ray: radiografía U6, p. 18

y

yard: jardín U7, p. 21
year: año U18, p. 42
yellow (to be ~): amarillo (ser ~) U19, p. 45
yesterday: ayer U18, p. 43
yogurt: yogur U11, p. 29
young (to be ~): joven (ser ~) U2, p. 10

Z

zebra: cebra U23, p. 53
zero point twenty: cero con veinte U19, p. 45
ZIP code: código postal U22, p. 51